चुनिन्दा नज़्मों के संग्रह का हिन्दी अनुवाद

जंगनामा

डी. एन. मलिक उर्फ राज़ सरहदी

संपादन

सुधीर मलिक

डायमंड बुक्स

www.diamondbook.in

प्रकाशक : डायमंड पॉकेट बुक्स (प्रा.) लि.
X-30 ओखला इंडस्ट्रियल एरिया, फेस -II
नई दिल्ली- 110020
फोन : 011-40712200
ई-मेल : sales@dpb.in
वेबसाइट : www.diamondbook.in
संस्करण : 2023
मुद्रक : रेप्रो (इंडिया)
कम्पोज़िंग : अब्दुल मुबीन खान

Jungnama
Edited. by Sudhir Malik
sudhirmalik.msn@gmail.com

विषय सूची

लेखक के बारे में
(1917-1986)

मेरे पिता स्व. डी. एन. मलिक (द्वारका नाथ मलिक) का जन्म सन् 1917 में एक छोटे से गांव, कुंदियाँ, जिला मियांवाली में हुआ था, जो अब पाकिस्तान का एक हिस्सा है। उर्दू उनकी रोजमर्रा की जबान थी। उर्दू, जो संस्कृत और फ़ारसी के मिश्रण से अपना मूल निकालती है, स्कूलों और कॉलेजों में मुख्य भाषा थी। उर्दू के प्रति अपने प्रेम के कारण, 1938 में उन्होंने फारसी में ऑनर्स किया और मुंशी फ़ाज़िल में डिप्लोमा प्राप्त किया।

डी. एन. मलिक, उर्दू के बड़े शायर थे। कॉलेज और जलसों में बढ़ चढ़ के हिस्सा लेते थे, और 'राज सरहदी' के नाम से जाने जाते थे।

अपनी शादी के कुल 8 महीने के बाद ही, सन 1945 में वो वकालत की पढ़ाई करने और देश की आजादी की लड़ाई में शामिल होने के लिए दिल्ली आ गए। पढ़ाई का खर्च चलाने के लिए सरकारी स्कूल में अध्यापक की नौकरी कर ली और फिर वहीं प्रिंसिपल बन गए।

इसी बीच देश का विभाजन हो गया। उनके बचपन के दोस्त, जो उन पर जान देते थे, वहीं छूट गए। बस रह गए तो कुछ क़िस्से और कुछ यादें जो जीवन भर उनके दिल के करीब रहीं।

अपने ही देश में वो शरणार्थी बन गए, जो उन्हें बिलकुल मंज़ूर नहीं था। उन्होंने अपनी मेहनत और लगन से अपने भाइयों, बहनों और परिवार के दूसरे सदस्यों को अपने पाँवों पर खड़ा करने की जद्दो-जहद में वकालत के विचार को मन से निकाल दिया। अपनी पढ़ाई जारी राखी और एल.एल.बी. पूरी की। बाद में उर्दू और इकोनॉमिक्स में डबल एम.ए. भी किया। सन् 1975 में शिक्षा निदेशालय से मुख्य सहायक निदेशक के पद से रिटायर हुए। इस दौरान शेरो-शायरी का सिलसिला जारी रहा और उनकी शायरी एक नये मकाम पर पहुंची।

विभाजन के समय हुए हिंदू-मुस्लिम दंगों ने उनकी शायरी को बहुत प्रभावित किया। उनकी नज़र में ये दंगे हिंदू धर्म या मुस्लिम धर्म के बीच नहीं, बल्की अच्छे और बुरे इंसानों के बीच हुए थे। दोनों तरफ़ बुरे इंसानों ने अच्छे इंसानों का कत्लेआम किया, बहू-बेटियों की आबरू लूटी, घर जलाए, घर लूटे और मार-काट की। उनकी नज़र में वो एक बुरा दौर था। नए-नए बने राजनेताओं ने इंसान को इंसान का दुश्मन बना दिया, देश को बांट दिया, और मज़हब बदनाम हो गया।

उनकी शायरी इंसानी अच्छाई और बुराई के बीच की जंग, जो कि आदिकाल से चली आ रही है, पर एक रिसर्च पेपर की तरह है। इंसान अपनी कमज़ोरियों को अपने ऊपर हावी होने देता है और बुराई की दलदल में गिरता चल जाता है।

उनकी नज़्मों का एक संग्रह- "जंगनामा" उर्दू ज़बान में पहली बार सन 1973 में प्रकाशित हुआ।

उनकी नज़्म, "नूर-ए-सदाकत" में उन्होंने रावण और राम के चरित्र का जिन बारिकियों से बयान किया, वो अपने आप में उर्दू शायरी की एक मिसाल है। "दौर-ए-वफा" में कैसे धर्म की आड़ में ज़ुल्म का कहर बरपाया का जिक्र, जो आज भी नासूर बन के दोनो देशों में मौजूद है, वहीं "जलती मशालें" में एक ही कौम के होने के बावजूद, कत्लेआमे और ज़ुल्म का ज़िक्र है।

राज सरहदी जी में धर्म या मजहब से ऊपर उठ के कुछ कर गुजरने का जज्बा था, और उन्होंने एक सुनहरे देश की कल्पना को अपनी शायरी में संजोया।

जंगनामा उनकी नज़्मों का एक ऐसा संग्रह है जो आज के समय में भी उतना ही महत्व रखता है। राज साहब की ये पुस्तक, उर्दू ज़ुबान में लिखी और प्रकाशित हुई। परिवार में उर्दू भाषा कोई नहीं सीख पाया। दिल्ली में रह कर हम सभी हिंदी और अंग्रेजी में उलझे रहे।

पुस्तक का हिंदी में प्रकाशन करने में मेरे बहुत से मित्रों का योगदान रहा। उर्दू के काफी जानकारों ने इस पुस्तक का सीधा-सीधा अनुवाद करने में अपनी असमर्थता दिखाई क्योंकि शायर ने अरबी और फ़ारसी के शब्दों का इस्तेमाल किया है, जो कि हर किसी के समझ से बाहर है।

इस दौरान मेरे एक मित्र, डॉ. राजीव गोयल जी के सौजन्य से मेरी मुलाकात एक मशहूर शायरा श्रीमती बिलक़ीस ज़फीरुल हसन जी से हुई। उन्होंने जब जंगनामा की कुछ नज़्में पढ़ कर सुनाई तो इस बात का यकीन हो गया कि जंगनामा एक बेहतरीन अमूल्य संग्रह है।

जंगनामा का देवनागरी (हिंदी लिपि) में लिप्यांतरण करने का मुख्य उद्देश्य है कि ज़्यादा से ज़्यादा लोग इसे पढ़ पायें और शायर के जज़्बातों से रूह-ब-रूह हो पायें। कोशिश है इस किताब को उन लोगों तक पहुंचाने की जो उर्दू ज़बान समझते तो हैं पर पढ़-लिख नहीं पाते।

मुश्किल शब्दों का हिंदी अनुवाद फुट नोट के ज़रिये किया गया है।

मैं, मेरे मित्र अरविंदर सिंह, डॉ. राजीव गोयल, श्रीमती बिलक़ीस ज़फीरुल हसन, डॉ. खुर्शीद आलम और डायमंड बुक्स के चेयरमैन नरेंद कुमार वर्मा जी का विशेष आभारी हूँ। मेरी हमसफ़र अलका का प्रोत्साहन हमेशा मेरे साथ रहा इस पुस्तक को एक बार फिर प्रकाशन करने के लिए।

राज सरहदी जी का जीवन हम सबके लिए एक मिसाल है। आज 50 साल के बाद भी उनकी शायरी हमारे जीवन में एक खास मकाम रखती है। ये पुस्तक उनकी अगली पीढ़ियों के लिए एक संदेश का काम करेगी, जो उनकी नज़र से दुनिया को देख और परख सकेंगी।

-सुधीर मलिक

जंगनामा हिन्दी संस्करण का एक परिचय

कर सको तुम न अगर अज़मत-ए-इंसां को क़ुबूल
बन्द काबे को करो तोड़ दो बुख़ानों को

ये शेर जनाब राज़ सरहदी का है! उनका काव्य संग्रह "जंगनामा" मेरे सामने है। मुझे इस पर अपना विचार व्यक्त करने का निमंत्रण दिया गया है। और मैं हैरान परेशान सोच रही हूं कि जिस जगह जनाब जगननाथ आज़ाद, श्रीमान नूरुल हसन और जनाब कन्हैया लाल गांधी जैसे महान व्यक्ति की मौजूदगी हो, वहां मेरा क्या काम! जो इन हज़रात के सामने साहित्य के नौसिखिए से ज़रा भी ज़्यादा नहीं हूं। लेकिन जब दोबारा इस काव्य संग्रह को ध्यान से पढ़ा और उनके शेर रह-रहकर दिमाग में गूंजते सुनाई देते गए, तो उनके प्रति अपनी आस्था व्यक्त करने के तौर पर अपनी भावनाओं की अभिव्यक्ति के अलावा कोई चारा नहीं रहा। मामूली सी कोशिश है, अगर यह क़ाबिल-ए-क़ुबूल हो, तो मेरा सौभाग्य होगा।

भाषा कोई भी हो, इंसान की स्वाभाविक समझ और सोच बहुत हद तक एक जैसी होती है। मां को मदर कहें या वालिदा साहिबा, अम्मा कहें या मैय्या। रहती तो मां ही है! श्री डी.एन.मलिक यानी जनाब राज़ सरहदी के काव्य संग्रह में भी जो इंसान की भावनात्मक और नैतिक प्रकृति पेश की गई है वह पूरी दुनिया में एक जैसी है।

उनका काव्य संग्रह मसनवी (प्रबंधकाव्य) जैसी लंबी कविताओं पर आधारित है।

पहली कविता "नूर-ए-सदाकत" पुरुषोत्तम भगवान राम की रावण से सत्य और असत्य के बीच युद्ध का वर्णन है और क्या खूब वर्णन किया है!

निखरा है कायनात का जब से ये रंग रूप
नेकी में और बदी में हमेशा रही है जंग।

इस मसनवी में रामायण की सारी घटनाओं का बहुत ही दर्दनाक तरीके से वर्णन किया गया है। लंका की बदहाली, रावण की बददिमागी, और घमंड!उसका साधु के वेश में सीता का हरण करना, भगवान राम और लक्ष्मण जी का हैरान-परेशान होना, और वानर जवान हनुमान जी का सीता का सुराग लाने लंका पहुंचना, और उनकी दयनीय हालत देखकर लंका में तोड़-फोड़ मचा देने पर रावण का उन्हें पकड़वाकर उनकी दुम में आग लगा देना। हनुमान जी का अपनी जलती हुई दुम में लंका के घरों में आग लगाना, और वापस जाके सीता जी की दुर्दशा रामजी को बताना, फिर भगवान राम की बेताबी देखकर वानर सेना तैयार करके अंगद का रामदूत बनकर रावण से सीताजी की वापसी की मांग सुनकर रावण का बहुत ही बदतमीज़ी से इनकार करना, उसके बाद महायुद्ध का हो जाना, रामजी को बचाने में लक्ष्मण जी का बुरी तरह ज़ख़्मी होना और उनके स्वस्थ होने के लिए हनुमान जी का हिमालय पहाड़ से संजीवनी लाना, सारी घटनाओं को बहुत ही अच्छे तरीके से वर्णित किया गया है।

आख़िर वही हुआ जो था मंज़ूर राम को यानी लंकापति का अंत रामजी के हाथों हो जाना,

थे ख़ुशनसीब राम के हाथों मिली निजात
जन्नत में भी ठहरने के सामान हो गए
रावण पे बिल-यक़ीं जो नुसरत थी राम की
नेकी के हाथों हार बदी के निज़ाम की

इसके बाद वनवास खत्म होने पर सीताजी और लक्ष्मणजी के साथ रामजी का अयोध्या शान-ओ-शौकत के साथ लौटना।

लंका से राम सेना वापस आई,

सीता-लखन थे साथ हनुमान साथ थे
देते रहे इशारों पे जो जान साथ थे
घर-घर में फिर से जश्ने चराग़ाँ था हिन्द में
दीपावली थी राज तिलक था ये राम का
था जश्न ताज पोशी उस आली मुक़ाम का

और यह मसनवी इस दुआ (प्रार्थना) के साथ खत्म होती है,

क़ायम दयार-ए-हिन्द में फिर से हो राम राज
अहले वतन को बाइस-ए-राहत हों तख़्त ओ ताज

दूसरी मसनवी का नाम "दौर-ए-वफ़ा" है। इसमें आजादी के संघर्ष का काव्यात्मक इतिहास इस प्रकार शुरू होता है-

जिस आरज़ू में हमने लुटाये थे कारवाँ
सद-हैफ़ दौरे-ज़ीस्त उसका तरजुमां नहीं

पूरी नज़्म में इस संघर्ष का बहुत ही दर्दनाक वर्णन पूरी तरह से किया गया है। गुलामी के दौर का बहुत अच्छे ढंग से नक्शा खींचा गया है। तिलक और गोखले का आज़ादी के लिए नारा लगाना और उनकी आवाज़ सुनकर जनमानस के उनके आसपास इकट्ठा हो जाने को राज़ साहब ने अपनी भाषा में यूं बयान किया है :-

जवाँ दिल ख़ूँ की अहुतियाँ देने को आ पहुंचे

और नए क्रांतिकारी युग के सर्वेसर्वा गांधीजी, लाला लाजपत राय, अली बंधु के कांधे से कांधा मिलाकर लड़ने वाले राष्ट्र को समर्पित मोती लाल, जिन्ना, आज़ाद इफ़कारी, आसफ़ अली, और मालवीय सब की यही धुन थी कि :-

यही धुन थी कि लायें अर्श-ए-आज़म से सितारों को
ख़ुद अपने ख़ून से सींचें चमन के लाला ज़ारों को

कलम के सिपाहियों का भी ज़िक्र है :-

इधर अकबर ने ललकारा वतन के नौजवानों को
उठे चकबस्त लेकर सरफ़रोशी कि फ़सानों को

अभी जलियांवाला बाग़ के अरमान बाक़ी थे, ऊधम सिंह, वीर सावरकर, सुभाष और ख़ान बाक़ी थे, और फ़िर यूं हुआ कि :-

बढ़े जब क़ाफ़िला दर क़ाफ़िला लाखों हज़ारों में
दराड़ें पड़ गईं ऐवान-ए-शाही की दीवारों में

भगत सिंह और उनके साथियों ने जलियांवाला बाग़ में अपने खून से

शहादत की एक नई कहानी लिख दी। सीमा पर सुर्ख़ पोशों ने तूफ़ान बपा कर दिया। बंगाल में सरफ़रोशों, गुजरात में आफ़त बदोशों का, पंजाब में मेहनतकशों की क्रांति हुई। पटेल, आज़ाद, नेहरू, बाबू राजेंद्र ने धर्म का भेदभाव किए बिना अपनी जानें कुर्बान करने की क़समें खाई।

राज़ साहब के शब्दों में :-

बला का था भरोसा ज़ोर-ए-बाज़ू पर जवानों को
बदल कर रख दिया जोर ओ सितम की दास्तानों को

फिर हिंदुस्तान के लोगों का एक आवाज़ होकर "अंग्रेज़ों भारत छोड़ों" के नारे लगाना :-

वही एक मौज थी कश्मीर से कन्याकुमारी तक

देशभक्त हिंदू, मुसलमान, सिख, ईसाई, सब का सर पर कफ़न बांधकर आगे बढ़ना और सत्ता के सदन की दीवारों में दरारों का पड़ने लगना, इन सारी घटनाओं को इतना दर्दनाक तरीके से लिखा गया है कि पढ़ते-पढ़ते आंखें भींग जाती हैं। और मजबूर होकर फ़िरंगी हुकूमत का बड़ी चालाकी के साथ देश की कमान हिंदुस्तानियों के सुपुर्द करना, लेकिन इस शर्त के साथ कि पहले हिंदू और मुसलमान आपस में यह तय कर लें कि इस आज़ादी की सूरत क्या हो-

और तब दबे हुए आपसी मतभेदों का पूरी तरह उभर आना :-

कोई इस्लाम पर नाज़ां कोई हिन्दू के ईमां पर
कोई बनकर अकाली चढ़ गया ग़फ़लत के ऐवां पर
लगा अहरार का तमग़ा कहीं जेब-ओ-गिरेबां पर
ही जो कल थे हिन्दी और आज़ादी के शैदाई
वही अब बन गए हिन्दू मुसलमां और ईसाई
नुमायां हो गए कुछ संग में कुछ ख़ाकसारों में
तअस्सुब बुग़ज़ व नफ़रत जम गये आकर क़तारों में
वतन को नाज़ था जिस आजमूदा जांनिसारों पर
वही राक़सां नज़र आए फ़िरंगी के इशारों पर

नफ़रत की चिंगारी का दिलों में भड़क उठना, मुसलमानों को उस धोखे में मुब्तिला करना कि यह हुक्म-ए-क़ुरानी है। लीग ने देश के विभाजन की ठान

ली और मुसलमानों को उभरता देखकर सिखों का भी जोश में भर जाना और राज़ साहब के यह मर्मस्पर्शी शेर!:-

वतन की बदनसीबी थी गर्दिश थी ज़माने की
उन्हें भी आर सूझी एक अलहिदा आशियाने की
लगाया शरपसंदों ने जो पाकिस्तान का नारा
बदल कर रख दिया तहरीक-ए-आज़ादी का रुख़ सारा

"जलती मशालें" बांग्लादेश के स्वतंत्रता संग्राम की दास्तां हैं जो यूं शुरू होती है:-

ओज-ओ-ज़्वाल का है फ़सान ये कायनात
हासिल जहां में सिर्फ़ तुया को है सबात
नैरंगियों ने पाक में आकर किया क़याम
फ़ौजी हुकूमतों में जो पिसते रहे अवाम
ठानी उन्होंने दिल में बदलेंगे ये निज़ाम

इस भूमिका के बाद भुट्टो का यहया के साथ ढाका जाके मुजीबुर्रहमान के सामने यह प्रस्ताव रखना

बनकर रहें मुजीब वहां पाक के वज़ीर

और मुजीबुर्रहमान का सत्ता को ठोकर मारकर पाक से नाता तोड़कर आज़ाद बांग्लादेश का एलान कर देना और बदले की कार्रवाई के तौर पर भुट्टो का यहया को तैयार करके पाकिस्तानी फौजों से निहत्थे देशभक्तों पर हमले करवा देना, मुजीबुर्रहमान की गिरफ़्तारी और :-

लालों से ख़ाली हो गईं माओं की गोदियां
फ़ौजी चला रहे थे निहत्थों पे गोलियां

और लोगों का भाग-भागकर हिंदुस्तान में शरण लेना :-

हिंदुस्तान जो मुल्क है दुनिया में लाजवाब
बाम-ए-फ़लक पे जैसे सितारों में आफ़ताब

फिर बड़ी संख्या में लोगों के आते रहने से हिंदुस्तान की अर्थव्यवस्था पर बोझ पड़ते देखकर पहले तो यहया खां से संपर्क करके इस समस्या को उठाया

कि पड़ोसी की बात है, बातचीत करने से शायद हालात सुधर जाएं।

लेकिन न जब सवाल का कोई मिला जवाब
चाहा के कर दे पाक को दुनिया में बेनक़ाब
घर से निकल के फिर वह सफ़र पर हुईं रवां
था दिल में दर्द लब पे पड़ोसी की दास्तां

फिर यह हुआ कि ऑस्ट्रेलिया, बेल्जियम, फ्रांस, जर्मनी जैसे देशों में उनकी तारीफ़ हुई, लेकिन अमेरिका में जहां निक्सन का राज था, कोई असर नहीं हुआ। तो इंदिरा गांधी हिंदुस्तान का यह अपमान बर्दाश्त नहीं कर सकीं और वह चंडी का रूप धारण करके मैदान में आ गईं

माना के कश्त-ओ-ख़ून है सद वजह रंज-ओ-ग़म की
लाज़ि म मगर है रोकना बढ़ते हुए क़दम

और यह मसनवी इस शेर पर खत्म होती है:

शामिल हुआ है राज़ वतन के जिहाद में
आंसू बहाके आज शहीदों की याद में
मीराज़ है ज़ुल्फ़ें जो मंज़ूर हो सलाम
लफ़्ज़ों के चंद फूल हैं श्रद्धां का एहतेमाम

मैंने अपनी ओर से पूरी कोशिश की है कि बड़ी कविताओं को पढ़ने का शौक ज़्यादा से ज़्यादा पाठक के दिल में पैदा कर दूं। अब बारी है जनाब राज़ सरहदी की ग़ज़लों और नज़मों की। इस बारे में क्या लिखूं। शेर-ओ-सुख़न के उस्ताद हैं राज़ साहब। मैं पाठकों और राज़ साहब के बीच में नहीं आना चाहती। शेरों का इसका संग्रह "सरवर-ए-हयात" पढ़ने से संबंधित है। ख़ुद पढ़ें और बेइख़्तियार वाह-वाह के नारे बुलंद करें। और क्या कहूं!

-बिलकीस ज़फीरुल हसन
लेखिका एवं शायरा

कर सको तुम न अगर अज़मत-ए-इंसां[1] को कुबूल
बंद काबे[2] को करो तोड़ दो बुतखानों[3] को

-राज़

1. मनुष्य की महिमा
2. अरब के मक्के शहर का एक स्थान जहां मुसलमान लोग हज करने जाते हैं
3. मंदिरों

जंगनामा

डी.एन.मलिक राज़ सरहदी के कलम से

सहायक शिक्षा निदेशक, दिल्ली प्रशासन, दिल्ली

शास्त्रीभवन, नई दिल्ली

17 मई, 1973

समर्पित

आदरणीय बंधु

स्वर्गीय डॉक्टर टेक चंद मलिक को समर्पित

जंगनामा उर्दू संस्करण की -

प्रस्तावना

राज़ सरहदी का "जंगनामा" पर मैंने सरसरी निगाह डाली है। उन्होंने आम जज़्बे और एहसासों को बड़े जोश-ओ-ख़रोश से नज़्म (कविता) में पेश किया है। नज़्म में रवानी (प्रवाह) और बहाव का एहसास होता है। जंग (युद्ध) खुद में कोई अच्छी चीज़ नहीं है। लेकिन जब हालात कोई जंग थोप दे, तो फिर देशों और राष्ट्रों को हौसले और हिम्मत से जमकर मुक़ाबला करना पड़ता है। आज़ादी के बाद, पाकिस्तान और चीन ने हिंदुस्तान के साथ इसी तरह की जंगी कार्यवाहियां कीं और हिंदुस्तान ने हर बार हौसले, हिम्मत, और बहादुरी से डटकर मुक़ाबला किया। ये जंगें हकीकत में जंगी सनक और विस्तारवादी नीति के ख़िलाफ़ थीं और इनका मकसद अमन[1], बराबरी और आज़ादी की रक्षा करना था।

आखिरी और निर्णायक जंग दिसंबर 1971 में हुई जिसकी बदौलत बांग्लादेश को आज़ादी मिली। इससे, भारतीय उपमहाद्वीप में शांतिप्रिय ताकतें मज़बूत हुईं।

हमारी यह सोची-समझी नीति है कि भारतीय उपमहाद्वीप में शांतिपूर्ण माहौल हमेशा क़ायम रहे और आपस के झगड़े और मतभेद आपसी तौर पर तय हो जाएं। शिमला समझौता इस सिलसिले में सबसे अहम कदम है। हमें उम्मीद है कि शांतिपूर्ण माहौल बनाए रखने में, पाकिस्तान हमें सहयोग देगा क्योंकि पूरे भारतीय उपमहाद्वीप की तरक्की पूरी तरह से इस पर ही निर्भर है।

जंगनामा के जो हिस्से मैंने देखे हैं वे इन्हीं जज़्बात की तर्जुमानी करते हैं। मतभेद और मनभेद, तानाशाही, असमानता, बदसुलूकी और बदकिरदारी के ख़िलाफ़ शायर बार-बार आवाज़ उठाता है। साथ ही, अमन के गीत भी सुनाता है।

इस के कुछ हिस्से को पढ़कर मुझे खुशी हुई।

-सैय्यद नुरूल हसन

शिक्षा मंत्री, भारत सरकार

---

1. शांति का उद्देश्य

सद शुक्र[1] जल के राख हुए सोज़-ए-इश्क[2] से
ज़ेबाइश-ए-फ़लक[3] हुईं चिंगारियां मिरी

1. बहुत-बहुत शुक्रिया
2. इश्क़ की तपिश
3. आसमान की सुन्दरता

जंगनामा उर्दू संस्करण की -

भूमिका

श्रीमान राज़ सहरदी के इस काव्य संग्रह 'जंगनामा' में तीन बड़ी नज़्में शामिल हैं। इनके नाम 'नूर-ए-सदाक़त'[1], 'दौर-ए-वफ़ा'[2], और 'जलती मशालें' हैं।

नूर-ए-सदाक़त, भगवान राम और रावण के बीच हुए युद्ध का वर्णन है। 'दौर-ए-वफ़ा' हमारे स्वतंत्रता संग्राम की दास्तान[3] है। 'जलती मशालें' हिंदुस्तान-पाकिस्तान की 1971 की जंग पर आधारित है। यानी विषय के हिसाब से ये तीनों कविताएं धर्म-अधर्म के युद्ध से संबंधित हैं।

रामायण का विषय उर्दू शायरी के लिए नया नहीं है। इस वक्त तक दुर्गा सहाय सरवर, बृज नारायण चकबस्त, तिलोक चंद महरूम, नफ़ीस ख़लीली, जगन्नाथ ख़ुश्तर और शंकर दयाल फ़रहत इस मैदान में अपना जौहर दिखा चुके हैं। जगन्नाथ ख़ुश्तर और शंकर दयाल फ़रहत ने पूरी रामायण की रचना बड़ी मसनवियों (प्रबंध काव्य) के रूप में किया है। भले ही, ये मसनवी लोकप्रिय नहीं हुईं, लेकिन उर्दू शायरी में उनका महत्वपूर्ण स्थान है। उर्दू का कोई भी टिप्पणीकार मसनवी की बात करते हुए उन्हें नज़रअंदाज़ करके आगे नहीं बढ़ सकता।

सरवर, चकबस्त और महरूम ने पूरी रामायण की काव्य रचना नहीं की है, लेकिन इसी विषय पर अलग-अलग नज़्मों के रूप में इन तीनों शायरों ने इतना लिखा है कि अगर इनकी नज़्मों का संकलन किया जाए, तो क़रीब-क़रीब एक रामायण पूरी हो सकती है। नफ़ीस ख़लीली ने भी मुकम्मल रामायण

---

1. सच्चाई की रोशनी
2. ईमानदारी का समय
3. कहानी

की रचना की है। एक समय था, जब उन की यह नज़्म पंजाब की फ़िज़ाओं[4] में गूंजती थी, क्योंकि नफ़ीस ख़लीली अपने दौर में मुशायरों पर छा जाने वाले शायर थे।

आज श्रीमान राज़ सरहदी ने इस मैदान में क़दम रखा है। इस मैदान में फूल भी हैं और कांटे भी। कांटे इसलिए कि काव्य रचना के जिस मैदान में सरवर, चकबस्त, महरूम, फ़रहत अपना जौहर दिखा चुके हों, वहां यह बात तो तय है कि बाद में आने वाले शायरों के लिए श्रेष्ठता का मानक हर कदम पर परीक्षा लेगा। और फूल इसलिए कि जब तक दुनिया में आस्था, प्रेम, और त्याग की भावना मौजूद है, यह विषय हमेशा नया और प्रासंगिक रहेगा और हर दौर में शायरों और फ़नकारों को प्रेरणा देता रहेगा।

इसलिए, इसी भावना से प्रेरित होकर राज़ सरहदी ने इस विषय पर कलम उठाई है और धर्म-अधर्म की इस लड़ाई को बहुत ही रोचक पद्यों के माध्यम से वर्णित किया है।

'दौर-ए-वफ़ा' में राज़ साहब के देश प्रेम और काव्य रचना की भावनाएं इस खूबसूरती से एक दूसरे के साथ मिल गई हैं कि एक को दूसरे से अलग करके देखना मुश्किल है।

रामायण की तरह हमारे स्वतंत्रता संग्राम की दास्तान भी अक्सर शायरों ने नज़्मों के रूप में बयान किया है। इन नज़्मों में शमीम करहानी की कोशिशों को एक महत्त्वपूर्ण स्थान हासिल है। यह एक मसनवी है। राज़ साहब ने अपने विचारों को काव्य का रूप देने के लिए मुसद्दस (छह पदों वाली कविता) का चयन किया है और बड़े साफ़ तौर पर अपने विचारों को पेश किया है।

इस शृंखला की तीसरी नज़्म का शीर्षक है 'जलती मशालें।' इस का विषय है- भारत और पाकिस्तान की जंग और बांग्लादेश का एक स्वतंत्र देश के रूप में उदय।

जहां तक इस विषय की बात है राज़ साहब ऐसा करने वाले पहले शायर

---

4. वातावरण

हैं। इसलिए कि इस विषय पर उर्दू के शायरों ने छोटी-छोटी कई नज़्में कही हैं, लेकिन एक बड़ी नज़्म लिखने पर किसी शायर ने अपना ध्यान नहीं दिया। जहां तक उर्दू के नामचीन शायरों की बात है, ऐसा लगता है कि उन्होंने इस विषय से अपना दामन बचाने की कोशिश की है।

'जलती मशालें' उद्देश्य प्रधान साहित्य की एक जीता-जागता मिसाल है। खास तौर पर, इस दौर में जब शायरी और उद्देश्य में हर दिन खाई बढ़ती जा रही है, राज़ साहब का यह नज़्म पेश करना एक बहुत बड़ी राष्ट्रीय सेवा है।

मुझे भरोसा है कि राज़ सरहदी इस तरह की नज़्मों का सिलसिला जारी रखेंगे, क्योंकि आज देश को सिर्फ़ ऐसे साहित्य की ज़रूरत नहीं है जिसमें पहेलियां बुझाई जाएं। इस तरह के साहित्य का कोई फ़ायदा नहीं है, बल्कि ऐसे साहित्य की ज़रूरत है जो देशवासियों के दिल में नया शौक, नया जोश और नई उमंग पैदा कर सके। राज़ साहब की नज्म़ 'दौर-ए-वफ़ा' इस मानक पर खरी उतरती है। उम्मीद रखनी चाहिए कि ये नज़्म इस तरह की और कई नज़्मों की प्रेरणा बनेंगी।

अल्लामा इक़बाल के शब्दों में :-

हर लहज़ा नया तूर[5], नई बर्क़-ए-तजल्ली[6]
अल्लाह करे मारका-ए-शौक़[7] तय न हो

-श्री जगन्नाथ प्रसाद
उप-सूचनाधिकारी, प्रेस सूचना ब्यूरो
भारत सरकार, श्रीनगर
16 जुलाई, 1973

---

5. शाम देश का एक पर्वत (कहते हैं कि इसी पर्वत पर हज़रत मूसा को ईश्वरीय चमत्कार दिखाई पड़ा था
6. वह ईश्वरीय प्रकाश जो पर्वत पर हज़रत मूसा को दिखई पड़ा था
7. युद्धक्षेत्र का सुख

आभार

देश की आज़ादी की रजत जयंती के उपलक्ष्य में इतिहास के चंद पन्ने जंगनामा के शीर्षक से पाठकों के लिए प्रस्तुत है। यह मेरा सौभाग्य है कि भारत के शिक्षा मंत्री श्रीमान प्रोफ़ेसर सैयद नुरूल हसन साहब ने अपनी व्यस्तता के बावजूद 'जंगनामा' के मसौदे को पढ़ने का कष्ट उठाया और अपने विचार व्यक्त करके मेरा हौसला बढ़ाया। आपकी विनम्रता के लिए आपका आभारी हूं।

माननीय जगन्नाथ आज़ाद ने न सिर्फ़ प्रस्तावना लिखने की जिम्मेदारी निभाई, बल्कि मुझे मेरी साहित्यिक त्रुटियों से अवगत कराके कृतज्ञ किया। यह आज़ाद साहब का ही करम है कि मैं जंगनामा को प्रकाशित कराने की हिम्मत जुटा पाया।

देखने में तो ऐसा लगता है कि जनाब कन्हैया लाल गांधी ने परिचय के कुछ वाक्य ही लिखे हैं, लेकिन हक़ीक़त यह है कि यह आपकी ही नसीहत थी जिसने मुझे शायर बना दिया। इस बात का अंदाज़ा तो पाठक ही करेंगे कि जंगनामा की रचना कहां तक उनकी भावनाओं को व्यक्त करने में कामयाब रही। मगर मैं इस बात को ज़रूर स्वीकार करूंगा कि जंगनामा के प्रकाशन का हौसला मुझे गांधी जी के साहित्य प्रेम ने दिया।

इनके अलावा जिन मित्रों और साथियों की बदौलत मेरा साहित्य प्रेम ज़िंदा रहा और मेरा काव्य संग्रह 'सुरुद-ए-हयात'[1] और "जंगनामा" प्रकाशन तक पहुंचा उन में जनाब सैयद अली जव्वाद ज़ैदी, उप प्रधान सूचना अधिकारी, प्रेस सूचना ब्यूरो; जनाब राम कृष्ण मुज़तर, संपादक दैनिक मिलाप; जनाब अरविंद बिस्बास, संयुक्त शिक्षा निदेशक; श्री बैकुंठ

---

1. जीवन राग

नाथ चतुर्वेदी, उप शिक्षा निदेशक; प्रोफेसर उदय चंद नाज़, उप शिक्षा अधिकारी; जनाब मोहम्मद क़मर फ़रशूरी प्रिंसिपल, जनाब अमरनाथ सरस प्रिंसिपल के नाम उल्लेखनीय हैं।

आंसू बहा के आज शहीदों की याद में
शामिल हुआ है राज़ वतन के जिहाद में
मेरा ज़हे नसीब जो मंज़ूर हो सलाम
लफ़्ज़ों के चंद फूल में श्रद्धा का एहतमाम[2]

-राज़ सरहदी

15 अगस्त, 1973 ईस्वी

---

2. आदर

ज़ेरे तर्तीब मजमुआ कलाम

सरूदे हयात

के चन्द चन्ने

ख़ुदी ने बे ख़ुदी जिस दम अता की
हुईं तय मंज़िलें राहे वफ़ा की
किये अहले फ़लक ने मुझको सजदे
मुबारक वुस्अतें[1] अज़्मे[2] रसा की
ये था आमाल का अपने करिषमा
समझते थे जिसे रहमत ख़ुदा की
ग़ुरूरे बन्दगी ने राज़ हमको
उरूजे[3] ज़ीस्त[4] की दौलत अता की

क़फ़स[5] में जाके रहे या कि अयशियाने में
जुनूं[6] ने साथ दिया ज़िल्लतें[7] उठाने को

---

1. विशालता
2. प्रतिबद्धता
3 बलन्दी
4. जीवन
5. पिंजरा
6. पागलपन
7. रूसवाई

उड़ायें क्यों न भला मेरा अहले[8] बज़्म[9] मज़ाक
मुझे लताष है इन्सां की इस ज़माने में

मिटा के ख़ुद को मयस्सर[10] ख़ुदी का जाम तो हो
तेरी निगाह में मेरा काई मक़ाम[11] तो हो
ख़ुदी को इश्क़ पे कुर्बान नहीं कर सकता
मे़रा न हो मेरे जज़्बों[12] को एहतराम[13] तो हो
मन्दिर से गरज़ हमको ने मस्जिद से तअल्लुक़
हम मोतक़िदे[14] काबा व बुतख़ाना नहीं हैं।
हम बहरे सुकूं मय[15] को तजस्सुस[16] नहीं करते
मिन्नत[17] कशे साक़ी[18] पिलाने वाला, पैमाना[19] नहीं है

इश्क़ में तेरे बहुम दुर हुआ जाता हूं
वह बदनसीब जिस का चलन चलन न रहा

---

8. पात्र
9. सभा
10. उपलब्धता
11. जगह
12. भावनाएँ
13. आदर (इज्ज़त)
14. अनुयायी
15. शराब
16. जिज्ञासा
17. विनती
18. शराब
19. पियाला

यह राज़ अपनी हक़ीक़त है बाग़े आलम[20] में
गुले[21] उम्मीद हूं जिस का चमन चमन न रहा

मेरा बचपन, मेरी पीरी[22] और मेरा अहदे शबाब[23]
ज़िन्दगी भर न मिला चैन रहा मैं बे-ताब
मेरी कम-मायगी[24] का ख़ूब उड़ाया है मज़ाक़
क़ौम ने क़ौम का मेमार[25] का देकर ख़िताब[26]

न सुबह पीते हैं साक़ी न शाम पीते हैं
ग़लत है हम पे ये तोहमत[27] की आम पीते हैं
हुसूले[28] मय पे नहीं राज़ मय-कशी[29] पे मौक़ूफ़[30]
वह रिन्द[31] हैं कि निगाहों के जाम पीते हैं
जुनूने इश्क हदे इन्तिक़ाम[32] तक पहुंचे

---

20. दुनिया के बाग़
21. फूल
22. बुढापा
23. जवानी का ज़माना
24. पूँजी की कमी
25. इमारत बनाने वाला
26. उपाधिय पदवी (बातचीत गुफ़तगू)
27. लांछन लगाना
28. प्राप्ति
29. शराब पीना
30. स्थगित
31. मद्यप, शराबी, दारुबाज
32. बदला

तेरी तलाश में किस-किस मुक़ाम तक पहुंचे
ख़ुदी भी आज थी एक बे-ख़ुदी के आलम में
वह बढ़ते हाथ जो साक़ी के जाम तक पहुंचे

मयख़ाना सरापा मय गुलफाम है साक़ी
लो थाम के होठकों में लिए जाम है साक़ी
रिन्दों[33] से तग़ाफुल[34] तेरा कम-ज़रफ़ी[35] है तेरी
ऐ पीरे-मुग़ां[36] मुफ़्त में बद-नाम है साक़ी

---

33. मद्यप, शराबी, दारुबाज
34. जान-बूझ कर की जाने वाली उपेक्षा या लापरवाही
35. नीचता, ओछापन, अनुदारता, कमीनगी
36. बुज़र्ग

क़तरे को दरिया कर दिया

वाय[37] नाकामी वफ़ूरे[38] शौक़ में क्या कर दिया
इश्क़ की दौलत को सर्फ़े नाज़े बेजा कर दिया

था मेरे सोज़[39] मोहब्बत का फ़ूसूं[40] ऐ हमनवा
आह को तासीर दी नालों[41] को नग़मा कर दिया

अहले जन्नत को भी ज़ेबाइश[42] पे जिस के रष्क था
ख़ुशनुमा कितना तेरी दुनिया का नक़शा कर दिया

कल तलक फिरता था जो हर इँट पत्थर पूजता
उसकी अज़मत में फ़रिशतों ने सजदा कर लिया

हमने जब चाहा बदल कर रख दिया तक़दीर को
मौज को साहिल को क़तरे को दरिया कर दिया

---

37. अफसोस होना
38. उबाल, जोश, जज़्बा, शिद्दत
39. मोहब्बत की पीड़ा
40. जादू, मंत्र, धोखा
41. रोता हुआ, मजबूर
42. सज्जा

कर रहा बरबादियों के मश्वरे था आस्माँ
झुक गया जब हमने इज़हारे तमन्ना कर दिया

हमने तुफ़ानों को ललकारा ग़ुरूरे इश्क़ में
कारवाने[43] ज़ीस्त[44] में एक हश्र बरपा हो गया

बेकसी का मेरी आलम देखकर कहने लगे
बे-वजा क्यूं राज़ ने यह हाल अपना कर लिया

---

43 . क़ाफ़िला
44. जीवन, जिंदगी

नूरे-सदाक़त[45]

(मर्यादा परूषोत्तम भगवान राम की रावण पर विजय की मनज़ूम[46] झलक)

है अक्से फितरत[47] ख़ाकी[48] यह गर्दिशे[49] दौरां
कभी रहा अंधेरा, कभी उजाला है।

-राज़

निखरा है कायनात का जब से ये रंग रूप
नेकी में और बदी में हमेशा रही है जंग।
नेकी रही है बाइसे[50] सद फ़ख्र[51] इम्तियाज़[52]
लेकिन बदी का क़ाफ़िया[53] अक्सर रहा तंग।
बन कर रहे जहान में नेकी का नामा बर[54]

---

45. सच्चाई की रोशनी
46. नज़्म के रूप में छन्दोबद्ध
47. प्रकृति की छाया
48 मटमैला
49. समय का चक्कर
50. अभिमान के सौ
51. विशिष्टता
52. विवेक, अंतर, तमीज़
53. अन्त्यानुप्रास
54. ख़त पहुंचानेवाला, पत्रवाहक

हर दिल में है यह आरज़ू[55] हर दिल में है उमंग।
हैरत है फिर भी फूलते फलते हैं बदक़ुमाश[56]
रहते हैं नेक ख़ू[57] ही ज़माने में जब कि तंग।
बदकार[58] हैं गुरूर व तकब्बुर[59] के पासबाँ[60]
दुनिया में नेक नामी अज़िय्यत[61] की दास्ताँ।

मेरे नदीम[62] अहदे गुज़िशता[63] की बात है
लंकापति था एक मुजस्समा[64] गुरूर का।
हासिल अगरचे[65] उसको अजल[66] पर था इक़तदार[67]
था वास्ता दिमाग़ से लेकिन न दूर का
गो बख़्त[68] व तख़्त व ताज की हासिल थी हर ख़ुशी

---

55. इच्छा
56. बुरे चरित्र वाले
57. नेक आदत वाले
58. कुकर्मी
59. अभिमान
60. रक्षक
61. शारीरिक कष्ट, दुःख
62. साथी
63. बीते दिन
64. प्रतिभा, आकृति
65. यद्यपि
66. मृत्यु
67. अधिकार शक्ति
68. हालांकि भाग्य

हर ज़ी[69] रूह पर हुक्म चलता हुज़ूर का।
लाया चुरा कर राम की सीता को एक दिन
छूटा जो उसके हाथ से दामन शऊर[70] का।
कंधों पे था थामे वह पर गुरूर था
वह भी नशे में ज़े[71] ग़में हुकूमत के चूर था
ख़ुशहालियों का दौर था हासिल थी हर ख़ुशी
लंका कि थी जहान में सोने की कायनात
हर फर्द[72] को वहाँ के मयस्सर[73] थीं नेमतें
हर दिन वहाँ का ईद था हर रात शबे बरात
ऐश ओ तरब[74] की सइ[75] थीं मुहैया सहूलतें
दो-चार दस की बात दव[76] थी सौ थीं बेगमात[77]
रक़्स ओ सुरूद ओ साक़ी[78] व मैख़्वार[79] व मैफ़रोश[80]
लंका नरेश के रहे शादी मुतालिबात[81]

---

69. आत्मावाली
70. काम करने की योग्यता या ढंग
71. उत्पन्न होने वाली, माँ
72. व्यक्ति
73. उपलब्ध
74. आनंद
75. प्रयत्न, कोशिश
76. जंगल, वन
77. भले घर की स्त्री
78. शराब पिलाने वाला व्यक्ति
79. शराबी, पियक्कड़
80. शराब बेचने वाला
81. तलब करने वाला

लंका थी या कि दहर[82] में एक आलमे बहार
हर घर चमन था शहर था हर एक लाला ज़ार[83]
चौदा बरस के वास्ते आकर हुए मुक़ीम[84]
जंगल में राम भेस में साधू के ताजदार
हर गाम[85] पर निसार बहारों के क़ाफ़िले
हर शाख़ा गुलफ़रोश[86] थी हर खेत मर्ग़ज़ार[87]
भाई का प्यार, बीवी का हुस्ने वफा था साथ
क़दमों पे बन के हर ख़ुशी होती रही निसार
क़ायम रहेगा जब तलक क़ायम है कायनात
मन्ज़र यह प्रेम प्यार का फ़ितरत का शाहकार
चर्चे रहेंगे राम की भक्ति के प्यार के
डंके बजा करेंगे रघुकुल वक़ार[88] के
हीलांकि राम एक आलिमे ज़ीफ़हम[89] व होश्मंद
भगवान ख़ुद ही आये थे इन्साँ के रूप में
थे सब्र ओ इक़तदार के एक बहर बेकरां[90]

---

82. ज़माना
83. लाला के फूलों का खेत
84. ठहरा हुआ, प्रवासी
85. हर कदम
86. फूल बेचनेवाला
87. सूरज, सोने का प्याला जिसकी शक्ल यूर्गा की तरह होती है
88. गरिमा, प्रतिष्ठा
89. बुद्धिमान, अक्लमंद
90. असीम सागर

छाओं में पुर जमाल तो पुर कैफ़[91] धूप में
जो भी ले देख आप के सादा सरूप में
दशरथ का बिल-यक़ीन था इक़बाल सर बलन्द
भगवान जिसको मिल गए बेटे के रूप में
होती परस्तिश[92] आज भी है उनके नाम की
सीता को भी था नाज़ बीवी थी राम की
भगवान थे के शौहर भी राम थे
राजा जनक की राज दुलारी वह महजबीं
क़दमों में आके राम के जंगल किया क़बूल
सब नेमतों को छोड़ कर कुटिया में थी मकीं[93]
काँटों को फूल मानकर रहना पति के साथ
सद मरहबा ओ हिन्द की नारी सद आफ़रीं[94]
जिस कुल में सीता राम लखन का हुआ मिलाप
वह कुल था ख़ुश नसीब ज़माने में बिल-यक़ीं
सीताहरण का पाप किया था लंका पति के नाम
मजबूरियों में जानिबे लंका बढ़े थे राम
ज़िल्लत पनप रही थी जिहालत को था उरूज़[95]
लंका में बद दिमाग़ी के थे मर्तबे बुलन्द

---

91. मस्ती, नशा
92. पूजा
93. मकान रखने वाला
94. सैकड़ों प्रशंसनीय
95. उत्थान

होश व ख़िरद[96] का मुल्क जेलों में था क़ायम
बदकार व बद क़िमाश का इक़बाल था बुलन्द
जुरअत किसे जो गामज़न[97] हो राहे रास्त पर
किस की मजाल हो जो सदाक़त[98] पे कारबंद[99]
रोये अगर कोई भी किस के द्वार पर
रावण के थे गुरूर से होश ओ हवास बन्द
महफ़ूज़ माल ओ ज़र था न शर्म-ओ-हया अज़ीज़
जलती हवस की आग में बेगम हो या कनीज़[100]
ज़ुल्म ओ सितम से फ़ौज की रिआयत थी बे-क़रार
इस राक्षी निज़ाम से बेज़ार[101] थे अवाम
घर-घर गली-गली थी मुसीबत की दास्तान
दुख दर्द की रवायतें थीं महफ़िलों में आम
शरम ओ हया से आरी[102] थे दोशीज़गी[103] के दिन
थी एक हदीसे-बेकसी[104] निस्वानियत[105] की देश
लंका में हुक्म आम यह लंका पति का था।

---

96. विवेक, बुद्धि
97. चलनेवाला
98. सच्चाई
99. काम करने वाला
100. दासी
101. नाराज़
102. खाली
103. अल्हड़पन
104. बेकसी की नई बात
105. स्त्रीत्व

"हो सज़ा अगर कोई लेगा ख़ुदा का नाम"
छाई हुई थीं हसरतें बाग़ ओ बहार पर
ख़ौफ़ ओ हिरास साया फिगन[106] रोज़गार पर
बन में थे राम-सीता-लखन को लिए हुए
फल फूल पेड़ चाँद सितारों का साथ था।
जंगल पहाड़ पक्षी मनाज़िर[107] वह दिल नशीं
भारत की सरज़मीन पे बहारों को साथ था।
वली वह तख़्त व ताज कुटिया में था मकीं[108]
फ़ितरत[109] के दिल फरेब नज़ारों का साथ था
जंगल के जानवर थे इशारों के मुन्तज़िर
बन राजे थे बन राज कुमारों का साथ था।
बानर जवाँ के प्रेम और भक्ति का इक़्तिबास[110]
चरनों में गोया राम के शक्ति का था निवास
दरिया, पहाड़ फल जंगल के जानवर
सीता हरन के सदमे से सब बेक़रार थे
गुस्से की एक लहर थी हर दिल में मौज ज़न[111]
बदले की आरज़ू में सभी ज़ुल्फ़िकार थे
धरती पे गो हर आँख को सीता की थी तलाश

106.छाया करनेवोला
107.दृश्यों
108.निवासी
109.प्रकृति
110.किसी पुस्तक के लेख या पाठ का उद्धरण
111.लहर मारनेवाला

बन नौहागर[112] थे रहगुज़र भी अश्कबार[113] थे
अफसुर्दा[114] देख राम को फ़ितरत भी थी उदास
ग़गीन चमन थे लाला ओ गुल सोगवार थे
बानर जवान राम की अज़मत[115] का पास्बाँ
बन कर दूत राम का लंका हुआ रवाँ
लंका जहाँ पर जुस्तजू की थी महाल
एक राक्षी निज़ाम में अहदे कुफ्फार[116] था
बोहतात[117] माल ओ ज़र की थी और अक़्ल की कमी
अहले हवस का तेज़ वहाँ कारोबार था
भाई को भाई की भी अक़ीदत[118] न थी नसीब
कोई किसी का दोस्त था न ग़मगुसार[119] था
हर मर्द था मुजस्समा गुनाहे अज़ीम[120] का
हर नारी एक हवस का नुमाया मज़ार था
लंका निवासियों का यह आलम यह हाले ज़ार
इस बेकसी पे रोए हनुमान ज़ार-ज़ार
पर्बत की आड़ में जो बसेरे थे फूल के

---

112 रो-पीटकर मातम करनेवाला

113.आंसू बरसानेवाला

114.उदास

115.गौरव

116.नास्तिक लोग

117.अधिकता

118.सम्मान

119.शुभचिंतक

120.महान

मशहूर थे जो सोने की लंका के नाम पर
छोटा सा एक चमन था बहारें लिए हुए
फिरदौस[121] को भी रश्क[122] था हुस्ने निज़ाम पर
सिमटी हुई बहार के दामन में दामे गुल
फ़ितरत[123] का एक क़ासिदा[124] था साक़ी ओ जाम पर
सीता जहाँ पे क़ैद थी रावन के हुक्म से
पहुंचा सफ़ीर[125] राम का भी उस मुक़ाम पर
कुन्जे क़फ़स[126] में अजनबी आये जो रूबरू
टपका निगह से ख़ूने तमन्ना-ए-जुस्तजू
सीता की बेकसी का भी आलम न पूछिए
था हसरतों का ताज़िया कौन व मकाँ[127] में
बे-परदा रघुबंस की अस्मत का था वक़ार[128]
या मरसिया[129] था हिन्द की नारी की शान में
यूं देख सीता माता को क़ैदी के रूप में
बानर जवान पड़ गया एक इम्तिहान में
गुस्से से उसकी आँखों में आया लहू उतर

121.बाग़
122.ईर्ष्या
123.प्रकृति
124.संदेशवाहक
125.राजदूत
126.पिंजड़े का कोना
127.संसार
128.वैभव
129.किसी व्यक्ति के गुणों का कीर्तन

करके उजाड़ रख दिया गुलशन को आन में
बानर जवान तेरी अक़ीदत पे हम निसार
क़ायम रहेगा ता अबद[130] भगती का यह वक़ार
आपे से बाहर हो गए गुस्से में तैश में
लंकापति ने जब सुना इस दुर दशा का हाल
पूछा है कौन बद-तमीज़? आया कहाँ से है?
जुरअत हुई ये किस को है किस की यह मजाल?
सद हैफ[131] अहले लंका का यह बे-कसी का रूप
सद मरहबा है बन के भिकारी का यल[132] कमाल
फल फूल पेड़ ही कोई जड़ से उखाड़ दे
जिस बाग़ में पहुंचना पक्षी का हो मुहाल
लाओ पकड़ के सामने उस बद दिमाग़ को
जिस ने बुझा के रख दिया जलते चिराग़ को
लंकापति के हुक्म की तामील[133] के सरूप
लाया गया हुजूम में उस नौजवान को
आना उस पुर जलाल[134] का रावन के सामने
दोहराना गोया माज़ी[135] की था दास्तान को
कटना वह नाक बहन की लक्षमण के हाथ से
चिल्ला चढ़ाना यौमे-सुयंबर[136] कमान को

130.हमेशा, अनंत काल
131.अफ़सोस
132.वीर, बहादुर
133.आज्ञा का पालन
134.तेज से भरा हुआ
135.अतीत
136.स्वयंवर का दिन

बोले कि बदतमीज़ की दुम को लगा दो आग
एक-सा मिटा दो राम के नाम ओ निशान को
बरताव नीच दूत से उस बद क़िमाश का
यह हुक्म गोया हुक्म था लंका के ताश का
लंका निवासी उसको समझते थे एक खेल
जल कर उछलना कूदना बानर जवान का
मिल कर बजाना तालियां उनका मज़ाक़ में
देना हवा गो आग को था कारवान का
आतिश की कूद-फांद से घर-घर लगी जो आग
ऐजाज़[137] यह भी कम न था शक्ति महान का
महशर[138] का एक नज़ारा था रावन के रूबरू
अंजाम सोज़नाक[139] था उस दास्तान का
लंका का होना ख़ाक यूं हंसी मज़ाक में
मिल जाना था गुरूर का रावन के खाक में
सीता की बेक़रारी का रावन की क़ैद में
बानर जवान ने राम को लाकर दिया सुराग़
सुनते ही उस मुक़ाम हवादिस[140] की यात्रा
दिल के फफोले जल उठे सीने के उभरे दाग़
आँसू छलक रहे थे निगाहों में राम की
सुन हो गए थे आलमे सकता में था दिमाग़

137.सम्मान
138.प्रलय
139.जलता हुआ
140.दुर्घटनाएँ

थी एक तरफ़ तो सीता तसव्वुर में रूबरू
और दूसरे था लंका का बुझता हुआ चिराग़
एक कशमकश थी आँख से आँसू भी थे रवाँ
और झुक रहा था क़दमों पे जंगल का कारवाँ
बा-सोज़ साज़[141] जानिबे लंका बढ़े क़दम
बन जल रहा था गोया लखन के कमान में
हर दिल में सर फ़रोशी की उठती हुई उमंग
सर वारने की आरज़ू हर नवजवान में
शाना ब-शाना[142] कारवाँ दर कारवाँ चले
क्या बढ़ रहे थे मिला के क़दम थे वह शान में
है कामरानी[143] चूमती हर गाम पर क़दम
होती है गामज़न जो जवानी कमान में
बन वासियों का राम की तक़लीद[144] में वक़ार
एक शान थी रवाँ कि था फ़ितरत का शाहकार
अंगद ने राम दूत का मंसब लिया संभाल
दामन में जबकि लंका के पहुंचा वह कारवाँ
रावन से जाके माँ की सीता की वापसी
चाह ले रोक जंग को बढ़ता हुआ धुंआँ
लेकिन है सच ग़ुरूर ओ तकब्बुर की लाश में
होता कहाँ दिमाग़ है? हुस्ने अमल कहाँ?

141.सामान के साथ

142.कंधे से कन्धा मिलाकर

143.कामयाबी

144.अनुसरण, किसी के पीछे-पीछे चलना

रावन को अब भी नाज़ था अह्लो अयाल[145] पर
फ़ौजों की बरतरी पे वो नाज़ाँ था वो बे-गुमाँ
क़ासिद[146] था वह अज़ल[147] से शुजाअत[148] की राम का
और दिल में आग जल रही थी इन्तिक़ाम की
कहने लगा कि बन के भिकारी की ये मजाल
लंकापति से लड़ने को है आज बेक़रार
सीता है आज लंका पति के महल की शान
उस महजबीं[149] को बन से नहीं कोई सरोकार
बेहतर है जाए ख़ैर मनाए वह जान की
सीता से कैसा वास्ता क्यूंकर उसे है प्यार
ऐसा न हो कि राक्षशों की टोलियाँ कहीं
कर डालें राम राज के ख़्वाबों को तार-तार
लंका पे हमला आवरी ख़ाला का घर नहीं
क्या ना समझ है? राम को आता नज़र नहीं
सुनकर विभीषण ने ये भाई की गुफ़्तगू
चाहा कि उसको लाए ज़रा राहे रास्त पर
की इल्तिजा हुज़ूर की बख़्शिश[150] है ये आपकी
फिर से अगर हो गौर जो अंगद की बात पर

145.पत्नि व बच्चे
146.संदेशवाहक
147.आदि काल
148.बहादुरी
149.चन्द्रमा के समान, बहुत सुंदर
150.उपहार

ज़न-ज़र ज़मीन ही रहे हैं बाइसे फ़साद
जब से ज़हूर[151] इनका हुआ कायनात पर
लड़ना तुम्हारा ग़ैर की बीवी के वास्ते
टीका कलंक का है यह रावण की ज़ात पर
करके रिहा जो सीता को हो जाऊँ सुर्ख़रु[152]
हो जाए पूरी राम के दिल की भी आरज़ू
रावण जिसे गुरूर था ताक़त पे फ़ौज की
हासिल मगर अजल पे भी सब इक़्तिदार था
मशहूर घर था सोने की लंका के नाम से
बोहताते[153] माल व ज़र कर रहता ख़ुमार था
लाखों में जिसके अपने ही अह्लो अयाल[154] थे
फ़ौजों का भी न आप की कोई शुमार था
अनगिनत ही थे हाथियों घोड़ों के क़ाफ़िले
हर नवजवान लंका का एक शह सवार था
आया जो तैश भाई की संजीदा बात पर
गुस्से में भर बरस पड़े उस कायनात पर
चारों तरफ़ से जंग के झण्डे हुए बुलन्द
मैदाने कारज़ार में फ़ौजें थीं रूबरू
तीर ओ कमान थाम के आगे बढ़े जो राम
सीता की दिन को आँा का रावण की जुस्तजू

151.प्रकाश में आना
152.सफलता प्राप्त करने के कारण जिसके मुंह की लाली रह गई हो
153.अधिकता
154.पत्नि व बच्चे

ऐसा न हो के राम पे कोई उठाए हाथ
बढ़ के लखन भी हो गए रावण के रूबरू
इस कशमकश ने रोकना चाहा जो वार को
सद हैफ़[155] पूरी हो गई रावण की आरज़ू
खाई लखन ने चोट हुए राम बेक़रार
बैठे सिरहाने भाई के रोते थे ज़ार-ज़ार
बानर जवाँ ने मुज़्तरिब[156] देखा जो राम को
होके क़रीब झुक के बसद इज्ज़[157] व इन्किसार[158]
की इल्तिजा, अगर हो इशरा हुज़ूर का
आकर झुकें जनाब के क़दमों में कोह सार
शब भर में फिर हिमालिया से लाकर संजीवनी
सैदे वफ़ा पर मख़ज़ने फ़ितरत[159] किये निसार
बानर जवान के अज़्म[160] ओ अक़ीदत की दास्ताँ
दायम[161] रहेगी बाइसे सद रश्क ओ इफ़्तिख़ार[162]
सद आफ़रीं है पैकरे ख़िदमत का ये कमाल
एक मोजेज़ा[163] है राम का आलम में ला मिसाल

155.अफ़सोस
156.बेचैन
157.मान
158.नम्रता
159.प्रकृति का ख़ज़ाना
160.संकल्प, इरादा
161.सदा
162.गौरव
163.वह चमत्कार जो पैगाम्बे दिखाये, करामत

आख़िर वही हुआ जो था मंज़ूर राम को
लंका पति भी जंग में क़ुरबान हो गए
थे ख़ुशनसीब राम के हाथों मिली निजात
जन्नत में भी ठहरने के सामान हो गए
लंका का राज था यहाँ जन्नत वहाँ नसीब
रावण के पूरे बिल-यक़ीं[164] अरमान हो गए
कुछ तो ज़रूर मसलहत[165] सीता हरन में थी
जब राज़ ये खुला सभी हैरान हो गए
अस्मत का दान और किसी बेपनाह को
कारे सवाब कर गया अज़मे गुनाह को
था वक़्त जब था लंका पे रावण का इक़्तिदार[166]
दिन रात थे गुला बहारों पे राज था
थे आस्मान ज़मीं भी इशारों के मुन्तज़िर
बामे फलक के चाँद सितारों पे राज था
सिक्का था बहरो बर पे हुकूमत का आपकी
चारों तरफ़ के बाजगुज़ारों[167] पे राज था
फ़रमांरवा[168] था ज़ीस्त[169] ओ अजल[170] के निज़ाम पर

164.यक़ीन के साथ
165.रहस्य
166.सत्ता, अधिकार
167.सहायक
168.शासक, राजा
169.जीवन
170.मौत

फितरत के बरगोज़ीदा[171] नज़ारों पे राज था
सद हैफ होके राहे निदामत पे गामज़न
पल में मिटा के रख दिया लंका का बाँक्पन
जंग ओ जद का बाहमी जब ख़ात्मा हुआ
मैदाने कार ज़ार से फ़ौजें हटा लीं दूर
सीता को फिर से राम का मिलना हुआ नसीब
रावण के इक्तिदार का उन्क़ा[172] हुआ गुरूर
झुकने लगी जो लंका भी क़दमों पे राम के
लंका नवासियों के हुए माफ़ सब क़सूर
भाई विभीषण जो थे रावण के जानशीं
लंका पे इक़्तिदार का उसके हुआ ज़हूर
अमन व अमान[173] की फिर नई सूरत अयां हुई
लंका से फ़ौज राम की आख़िर रवां हुई
राहे वफ़ा पे राम जो होते हैं गामज़न
सीता-लखन थे साथ हनुमान साथ थे
हरगाम पे बहारें वतन की निसार थी
देते रहे इशारों पे जो जान साथ थे
बर आई बिल-यक़ी थी हर दिल की आरज़ू
जिनके हुए थे पूरे सब अरमान साथ थे
जाह[174] ओ जलाल[175] व अज़मत ओ इक़बाल थे नसीब

171.चुना हुआ
172.दुस्प्राय
173.सुख-शांति
174.वैभव
175.पद

रघुकुल वक़ार के सभी सामान साथ थे
बनबास से था लौटना शाहे वक़ार को
आना था अयोध्या में फिर से बहार को
आये थे फिर से शान से शाही वक़ार से
बन कर फ़क़ीर गरचे वतन से राम के
थे अज़्म ओ इक़्तिदार के आलम लिए हुए
अज़मत का लौटना था कि आए थे बन के राम
लौटी मगर अयोध्या में फिर से बहार थी
लिपटा चमन था राम से या थे चमन से राम
घर-घर में फिर से जश्ने चराग़ाँ था हिन्द में
सीता-लखन के साथ जो आए थे बन से राम
दीपावली थी राज तिलक था ये राम का
था जश्न ताज पोशी उस आली मुक़ाम का
नेकी का और बदी का है यह एक मुकालमा
कहते हैं जिस जिस को जंग थी रावण की राम से
नफ़रत से थूकते हैं बदी के निज़ाम पर
नेकी को देखते हैं बड़े एहतराम से
निस्बत[176] कोई निज़ाम कुदरत के है अगर
नेकी को जो बदी से सहर को है देश से
अक्सर तवाफ़[177] हमने किए मैकदों के हैं
कर पाए हम अलग नहीं साक़ी को जाम से
रावण पे बिल-यक़ीं जो नुसरत थी राम की

176.संबंध
177.किसी पवित्र स्थान की परिक्रम

नेकी के हाथों हार बदी के निज़ाम की
एक अहदे ज़रनिगार[178] था बनबास का क़याम[179]
और उस पे लंका कांड था शहकार राम का
रावण के इक्तिदार के साए फ़ना हुए
रोशन मिसाल तौर है किरदार राम का
चर्चा है राम राज का सरमाय-ए-संकूँ[180]
हर मर्ग़ज़ारे ज़ीस्त[181] गुलज़ार राम का
शाह वफा का "नूर सादाक़त" था हर क़दम
हर मारका[182] था मतल-ए-अनवार[183] राम का
क़ायम दयार-ए-हिन्द में फिर से हो राम राज
अहले वतन को बाइस-ए-राहत हों तख़्त ओ ताज

अदल[184] व इन्साफ़ के मेराज यक़ीं[185] ने हमदम
तोड़ कर रख दीं ज़माने में सफ़ें बातिल[186]

-राज़

178.दौलत की खूबसूरती
179.ठहराव, ठिकाना
180.शांति की पूँजी
181.जिंदगी का हराभरा मैदान
182.युद्ध, लड़ाई
183.किरणों का स्रोत
184.न्याय
185.विश्वास की सीढ़ी
186.झूठ की पंक्तियाँ

सद-हैफ़[187] दौरे ज़ीस्त उस्का तरजुमा नहीं

आहें नहीं हैं लब पे हमारे फ़ुग़ाँ[188] नहीं
हैं दिल में वलवले[189] मगर मुंह में ज़बाँ नहीं

मैं उनके साथ था ये मेरे कहाँ नसीब
एक ख़्वाब आरज़ू है मेरी दास्ताँ नहीं

दैर-ओ-हरम को करता है मख़सूस किस लिए
ज़ाहिद तू ही बता ख़ुदा तेरा कहाँ नहीं

एक जूस्तजू[190] थी ले गई हमको जो मैकदे[191]
मय[192] में कशिश[193] थी बात ये पीरे-मुग़ाँ[194] नहीं

187.अत्यधिक दुःख और कष्ट का प्रकट करते हुए कहना
188.आर्तनाद, नाला, दुहाई
189.जोश और उत्साह
190.तलाश
191.शराब पीने की जगह
192.शराब
193 आकर्षण
194.आग की पूजा करने वालों का पेश्वा

जिस आरज़ू में हमने लुटाये थे कारवाँ
सद-हैफ़[195] दौरे-ज़ीस्त[196] उसका तरज़ुमां[197] नहीं

अहले-गरज[198] से हमको वफ़ा की रही उम्मीद
क्यूं इम्तियाज़[199] नेक व बदसूद[200] व ज़ियां[201] नहीं

सैयाद[202] के हाथ में गुलशन[203] की बाग़-डोर[204]
महफ़ूज़ शाख़े-गुल[205] पे भी अब अशियाँ नहीं

दिल की लगी अयाँ[206] हुई क्यूंकर है बादे-मर्ग[207]
मर्क़द[208] से उठ रहा है अगर मेरे धुँआं नहीं

195.अफसोस होना
196.जीवन, जिंदगी
197.अनुवाद करनेवाला व्यक्ति, उसका प्रतिनिधि
198.हितार्थी, मतलबी
199.भेदय अंतर
200.बुरा, बुरी आदत वाला
201.हानि, अनिष्ट
202.शिकारी
203.बग़ीचा
204.नियंत्रण, अधिकार
205.फूलों की डाली,
206.ज़ाहिर होना,
207.मरने के बाद,
208.क़ब्र,

दौरे वफ़ा

(जिद्द व जहदी अज़ादी की मनज़ूम[209] तारीख़)

जिस आरज़ू में हमने लुटाये थे कारवाँ
सद हैफ़ दौरे ज़ीस्त[210] उसका तर्जुमां नहीं

राज़

कोई जब क़ौम अपनी ज़ीस्त[211] से बेज़ार होती है
अज़ीज़ाने वतन से बरसरे पैकार[212] होती है
हर एक काविश[213] सुकून की बाइसे आज़ार[214] होती है
ज़माने की निगाहों में ज़लील ओ ख़्वार[215] होती है
गंवाकर हुर्रियत[216] अग़यार[217] की महकूम[218] होती है
ख़ुदा की नेमतों से सर बसर महरूम होती है

209.नज़्म के रूप में छन्दोमद्ध
210.जिंदगी के सैकड़ों दुख
211.जिंदगी
212.युद्ध के लिए तैयार
213.प्रयत्न
214.दुख कारण
215.अनादर
216.आज़ादी
217.ग़ैर लोग
218.अधीनस्थ

अता होती है कुव्वत फिर वतन के नवजवानों को
जलाकर ख़ाक कर देते हैं नफ़रत के ठिकानों को
सुना कर अज़मते अहदे गुज़िश्ता[219] के फ़सानों को
बदल देते हैं गुज़री ज़िन्दगी के दास्तानों को
हर एक आवाज़ उनकी लायक़े ताज़ीम[220] होती है
नये सर से वतन और क़ौम की तंज़ीम[221] होती है

कभी इस देश पर भी ग़ैर फ़रमां रवाई थी
ग़ुलामी थी दुश्मन पे हरदम जब्बा साई[222] थी
अजब तस्वीर हमने अपने ही हाथों से बनाई थी
सरापा[223] बेकसी, बे-एतमादी[224], बनवाई थी
ख़ुद आरा, ख़ुद नुमा थे ख़ुद ग़र्ज़, ख़ुद बीं[225] हम कल तक
ख़ुद अपनी ही नज़र में बाइसे तौहीन हम कल तक

अजब अंदाज़ से हमने गुज़ारी ज़िन्दगी अपनी
जहाँ में बाइसे तौहीन ओ ज़िल्लत बेकसी अपनी
खटकती ज़माने की निगाहों में कमी अपनी

219.पिछले दिनों की महत्ता
220.बड़ों का सम्मान करने योग्य
221.प्रबंध
222.माथा रगड़ना
223.सर से पैर तक
224.अविश्वास
225.अभिमानी

ख़ुदा को भी न थी मनज़ूर शायद बेहतरी अपनी
बदलती कुछ नज़र आती न थी हालत ज़माने की
फ़लक ने फूंक दी थीं तितलियां तक आशियाने की

तमन्ना थी कोई गीता सुनाने के लिए आए
हमें इस ख़्वाबे ग़फ़लत[226] से सुनाने के लिए आए
ख़ुदी के राज़ से वाक़िफ़ बनाने के लिए आए
वतन के नाम पर मरना सिखाने के लिए आए
हमें आगाह करदे काश कोई अपनी हस्ती से
सहारा दे कोई तो हम भी निकले कूए[227] पस्ती से

ज़मीं से चाँद तारों तक भी जा पहुंची सदा अपनी
फ़लक से जाके टकराने लगी बाँगे दरा[228] अपनी
फ़रिश्तों ने भी सुन ली मेहरबाँ हो कर दुआ अपनी
हुज़ूरे हक़ हुई मंज़ूर आख़िर इल्तिजा अपनी
हुआ अहसास अपनी बे-बसी का नौजवानों को
ज़रा सा होश जब आया वतन के पासबानों को

जवानाने वतन ने कर लिया जब अज़मे आज़ादी
हुइ हिन्दुस्ताँ में फिर से क़ायम बज़्मे आज़ादी
मुबारक जज़्ब-ए-शौक़े[229] शहादात जज़्मे[230] आज़ादी

226.असावधानी
227.पस्ती के गलीकुचे
228.काफ़िले में प्रस्थान के समय बजने वाले घंटों की ध्वनी
229.शहीद होने की भावना
230.दृढ़ इच्छा

मुबारक वह ज़हूरे इब्तदा-ए-रज़मे[231] आज़ादी
मुबारक गो खुले का रहनुमा-ए-अन्जुमन होना
तिलक भगवान को राहे अमल पर गामज़न[232] होना

सजा कर शम्मा ए आज़ादी से ज़ुल्मत के ठिकानों को
सुरूदे ज़िन्दगी बख़्शा ज़ईफ़ों नातवानों[233] को
बदलने के लिए जोरो सितम की दास्तानों को
जगाया ख़्वाबे ग़फ़लत से वतन के नौजवानों को
मुबारक जज़्ब-ए-हुब्बे वतन[234] ऐ क़ौम के शैदा
मुबारक सर ज़मीन जिस पर हुए लोकमान्या पैदा

पतंगे देश सेवा के उठे नज़रें चढ़ाने को
बढ़े सब जज़्ब-ए-शौक़े शहादत आज़माने को
मिटा कर अपनी हस्ती क़ौम को रुत्बा बढ़ाने को
नया जीवन, नई बस्ती, नई दुनिया बसाने को
जवाँ दिल ख़ूँ की अहुतियाँ देने को आ पहुंचे
बलाएँ शाम-ए-आज़ादी की ख़ुद लेने को आ पहुंचे

नया तरज़े अमल देख वतन के जाँ निसारों को
फ़क़ीराना लंगोटी पर सलीक़ा ताजदारों का
तसव्वुर रहनुमा था देश की रंगीं बहारों को

231.आज़ादी की रणभूमि का प्रकट होना
232.चलायमान
233.मूढ़ों, कमजोरों
234.देश प्रेम की भावना

जब अंदाज़े मस्ती था वफ़ा के मयगुसारों[235] को
शराबे जज़्ब-ए-हुब्बे वतन से भर के पैमाने
कफ़न बाँधे हुए सर से चले मैदाँ को दीवाने

सफ़े अव्वल के जाँ-बाज़ों में गाँधी जी नज़र आये
ज़रो आराम व इशरत[236] क़ौम पर कुरबान कर आये
नये तेवर से आज़ादी ये पैग़ामबर लाये
बदलने के लिए इस देश के ओ सहर आये
परिस्तारे वफ़ा आये तमन्नाए वफ़ा लेकर
नवाए दिलनशीं सदाए दिलरूबा लेकर

नये एक इन्क़िलाबी दौर के रूहे रवाँ गाँधी
अलमबरदारे आज़ादी, दिलों का हुक्मरां गाँधी
वतन के बेकसों की एक मुजस्सम दोस्ताँ गाँधी
बुज़ुर्गों में बुज़ुर्ग और नौजवानों में जवाँ गाँधी
बला की सादगी और उस पे तुर्रा बे-नियाज़ी का
सरापा-ए-ख़ुदी ओढ़े लिबादा मर्दे ग़ाज़ी[237] का

वह शाने बे-नियाज़ी जिस पे क़ुरबान हो शहंशाही
फ़िज़ा-ए-अज़मते अहदे गुज़िश्ता लौटकर आई
बिला तफ़रीक़ मज़हब सर फ़रोशी के तमन्नाई

235.मदिरापान करने वाले
236.वैभव
237.धर्मवीर

खड़े शाना-ब-शाना[238] लाजपत राय, अली भाई
निसारे क़ौम मोती लाल भी थे, मालवी भी थे
जिन्नाह, आज़ाद, अन्सारी भी थे आसिफ़ अली भी थे

इसी रो अमल पर गामज़न पाया हज़ारों को
इसी हसरत ने तड़पाया वतन के माह पारों को
यही धुन थी कि लायें अर्शे आज़म से सितारों को
ख़ुद अपने ख़ून से सींचें चमन के लाला ज़ारों को
शहीदाने वफ़ा के ज़ू से महफिल जगमगा उठी
वतन के गोशे-गोशे से सदा-ए-मरहबा[239] उठी

इधर अकबर ने ललकारा वतन के नौजवानों को
उधर इक़बाल ने छेड़ा ख़ुदी की दास्तानों को
उठे चकबस्त लेकर सरफ़रोशी कि फ़सानों को
अता टैगोर पे की नग़ेयगी क़ौमी तरानों को
उभारा जोश ने जोशे जवानी जाँ निसारों का
तसव्वुर ही बदल डाला वतन की नव बहारों का

हुई एक आग सी पैदा बनी अदम के सीनों में
अक़ीदत[240] से भरे सजदे उमड़ आए जबीनों[241] में
तलातुम[242] हो गया बरपा मची हलचल सफीनों में

238.कंधे से कंधा मिला कर
239.कोने-कोने से शाबाशी की आवाज़
240.श्रद्धा
241.माथा
242.हलचल

दिनों में कर के दिखलाया जो करना था महीनों में
भगत सिंह और उसके हमनवा मैदान में आये
जवानाने वतन अपनी निराली शान में आये

बढ़े वह सूए मक़तल[243] ज़ोरे क़ातिल आज़माने को
हथेली पर लिए सर देश की नज़रें चढ़ाने को
मिटा दी अपनी हस्ती क़ौम का रुत्बा बढ़ाने को
ख़ुद अपने ख़ून से लिखा शहादत के फ़साने को
सताइश ता अबद होगी वतन पे मरने वालों की
हयात जावेदाँ[244] ख़ाके क़दम है बा-कमालों[245] की

फ़िज़ा में गूंज उठे इन्क़िलाब ओ अज़्म के नारे
उठा एक ज़लज़ला हिलने लगे दीवारो दर सारे
निगाहों में उतर आया लहू फिर दर्द के मारे
हुकूमत रोक सकती थी कहीं तूफाँ के धारे
सितमगर से उलझने को वफ़ा के कारवाँ पहुंचे
कफ़न बाँधे हुए सर से वतन के नौजवाँ पहुंचे

उन्हीं राहों पे अपनी जलियाँ वाले बाग़ भी आये
उन्हीं राहों पे छापे तोप और तलवार के साये
क़िस्सा ख़्वानी व काकोरी के जब मरहले आये

243.वध स्थल की ओर
244.स्थायी
245.प्रशिक्षित

जवानाने वतन ने मोजज़े हिम्मत के दिखलाये
किए महशर[246] बपा हमने नियाबत[247] के सफ़ीनों में
हज़ारों ने जगह दी गोलियों को अपने सीनों में

उधर सरहद में ललकारा शत्रु को सुर्ख पोशों ने
उठाया सर इधर बंगाल में भी सर फ़रोशों ने
फ़ना की ठान ली गुजरात के अफ़त अदोशों ने
ज़मीं पंजाब की सींची लहू से सख़्त कोशों ने
उधर कश्मीर में भी ज़िन्दगी ने करवटें बदलीं
ग़ुलामी की सलाख़ें सिंध ने भी तोड़ कर रख दीं

पटेल, आज़ाद व नेहरू, बाबू राजेन्द्र पट्टा भाई
ग़फ़्फ़ार व ज़ाकिर व आसिफ़ व राजा जी शैदाई
सफ़ आरा हो गए जितने थे आज़ादी के शैदाई
बिला तफ़रीक़ मज़हब जाँनिसारी की क़सम खाई
चला ये कारवाँ सालारे आज़म[248] के इशारों पर
ज़मीं पर थे क़दम लेकिन निगाहें थीं सितारों पर

हूकूमत को किया आजिज़[249] निहत्थे जाँनिसारों ने
कमन्दें[250] डाल दीं बामे फ़लक पर ख़ाकसारों ने
शहीदाने वतन पर फूल बरसाये बहारों ने

246.महाप्रलय
247.स्यानापन
248.मार्गदर्शक
249.परेशान
250.फंदा

तो बढ़कर देश भक्तों के क़दम चूमे सितारों ने
बला का था भरोसा ज़ोर-ए-बाज़ू पर जवानों को
बदल कर रख दिया जोर ओ सितम की दास्तानों को

ग़ुलामी पाँव जकड़े थी मगर इन्सान बाक़ी थे
किए थे मातृ भूमि से वह पैमान बाक़ी थे
अभी तो जलियांवाले बाग़ के अरमान बाक़ी थे
उधम सिंह, वीर सावरकर सुभाष व ख़ान बाक़ी थे
ये ग़ैरत का तक़ाज़ा था बदल दीं दोस्तानों को
जला दीं ताक़ते बरतानिया के आशियानों को

जवानाने वतन जोशे जुनूं में उठ के ललकारे
ब-एक आवाज़ "छोड़ो हिन्द" के लगने लगे नारे
"चलो दिल्ली" के सामाँ नेता जी ने कर दिए सारे
मुबारक कौसर ओ गंगा जब मिलने लगे धारे
वही एक मौज थी कश्मीर से कन्याकुमारी तक
फिदा-ए-क़ौम थे सब शाह से लेकर भिकारी तक

उठा अपना वतन ख़्वाबे गिराँ से लेके अंगड़ाई
नशे में ज़िन्दगी झूमी जवानी जोश पर आई
परस्ताराने[251] आज़ादी, शहादत के तमन्नाई

251.उपासक

मुहिब्बाने वतन[252] हिन्दू-मुस्लिम, सिख-ईसाई
बढ़े जब क़ाफ़िला दर क़ाफ़िला लाखों हज़ारों में
दराड़ें पड़ गईं ऐवाने शाही की दीवारों में

वह शातिर हुक्मरां वाक़िफ़ था सौ हीलों बहानों से
उसे नफ़रत थी कमज़ोरों से मज़दूरों किसानों से
वतन को लूटता था सामराज कारख़ानों से
तअस्सुब[253] की लगा के आग नफ़रत के फ़सानों से
जलाकर असीराने[254] चमन के अशियानों को
लगा दोहराने वह मेहरो वफ़ा की दास्तानों को

भुलाया उसने माज़ी के जवाबों को सावालों को
हुकूमत के नशे को और तकब्बुर[255] के ख़्यालों को
मुख़ातिब यूं किया सहने चमन के नौनिहालों को
"मुबारक हो वतन की ये बहारें हिन्द वोलों को"
"है शर्मिन्दा हुकूमत कारहाए दौरे माज़ी पर"
"रहेगा नाज़ बरसों हिन्द को मेहमाँ नवाज़ीं पर"

मुबारक क़ुतब की और ताज की यह सरज़मीं तुमको
मुबारक वादी-ए-कश्मीर जैसी नाज़नीं तुमको
सुरूरे रूदे गंगा और हिमालिया की जबीं तुमको

252.देशप्रेमी
253.पक्षपात
254.कैदी
255.अभिमान

मुबारक हों वतन के ये मकाँ तुमको मकीं[256] तुमको
निज़ो हुक्मरानी हिन्द वालों को मुबारक हो
वतन की पास्बानी हिन्द वालों को मुबारक हो

ये मुमकिन है तभी जब रहनुमायाने वतन मिलकर
शरीके अन्जुमन हो सब दरूने अन्जुमन मिलकर
संवारें आशियाँ अपना असीराने चमन मिलकर
हुकूमत को संभालें हमसफ़ीर[257] व हम सुख़न मिलकर
यह तफ़रीक़[258] व इनादे[259] मज़हब व मिल्लत भुला डालें
सुलूक बाहमी[260] फिर हुकूमत को बना डालें

तग़य्युर रूनुमा[261] होने लगा फिर नाख़ुदाओं[262] में
सलाह व मशवरे बहम[263] हुए तब रहनुमाओं में
नया मंज़र नज़र आने लगा हर सू फिज़ाओं में
तकब्बुर[264] की झलक थी सरफ़रोशी का सदाओं में
वह जोश ओ वलवला जो कल था रहबर नौजवानों का
लगा फिर थामने दामन विदेशी हुक्मरानों का

256.रहनेवाले
257.एक ही तरह के बोली बोलनेवाले
258.विभाजन की क्रिया
259.शत्रुता
260.आपसी
261.बदलाव दिखाना
262.नाविक
263.आपस में
264.अभिमान

वही जो कल थे हिन्दी और आज़ादी के शैदाई
वतन की अज़मत अहदे गुज़िश्ता[265] के थे सौदाई
ख़ुदी जिन सरफ़रोशों की ख़ुदाओं से भी टकराई
वही अब बन गए हिन्दू व मस्लिम सिख ईसाई
ज़बाँ[266] मज़हब अक़ीदत[267] फिरक़ा बन्दी[268] के इदारों[269] ने
उठाया सर तो सर अपना झुकाया जाँनिसारों ने

कोई इस्लाम पर नाज़ां कोई हिन्दू के ईमां पर
कोई बनकर अकाली चढ़ गया ग़फ़लत के ऐवां[270] पर
सभा और लीग के धब्बे वतन के पाक दामां पर
नुमायां हो गए कुछ संग में कुछ ख़ाकसारों[271] में
तअस्सुब[272] बुग़ज़ व नफ़रत जम गये आकर क़तारों में

सरा सीमा हुआ सालारे आज़म इन क़तारों पर
ख़िज़ाँ[273] के छा गए बादल वतन के नव बहारों में
वतन को नाज़ था जिन आज़मुदा[274] जांनिसारों पर

265.अतीत
266.भाषा
267.धार्मिक विश्वास
268.साम्प्रदायिकता
269.संस्थाओं
270.महल
271.स्वतंत्रता आंदोलन के समय की राजनीतिक पार्टियां
272.पक्षपात
273.पतझड़
274.आजमाए हुए

वही रक़्सां[275] नज़र फ़िरंगी के इशारों पर
कुछ ऐसी धुन समाई थी वतन पर हुक्मरानी की
लगे क़ीमत चुकाने लोग अपनी जाँफ़िशानी[276] की

ज़लालत का ये आलम था वफ़ा के दावे दारों की
सजा लीं फिर दुकानें फिरक़ा बन्दी के इदारों[277] की
शहादत बेचने उठे वतन के जाँनिसारों की
सरे बाज़ार नीलामी शहीदों के मज़ारों की
कही बुलबुल ने गुल से और चमन तक बात जा पहुंची
क़यामत थी तक़सीमे वतन तक बात जा पहुंची

बुलन्द अंग्रेज़ ने झण्डे किये मुस्लिम नवाज़ी के
ख़िताबों से नवाज़ा फिर जिन्ना को सरफ़राज़ी के
तअस्सुब के उठे शोले दिलों में मर्दे ग़ाज़ी[278] के
लबों पर थे क़सीदे तुर्क व शीराज़ी[279] हिजाज़ी[280] के
दिया धोका ये मुस्लिम को कि है यह हुक्मे क़ुरआनी
जुदागाना नियाबत[281] की वतन में लीग ने ठानी

275.नाचते-झूमते
276.किसी काम के लिए जान तक लड़ा देना
277.संस्थाओं
278.धर्मवीर
279.शिराज़ नगर का
280.हिजाज़ देश का
281.अलग प्रतिनिधित्व

दिया चैलेंज जिन्ना ने फिर फ़िरंगी की हिदायत पर
वतन को बाँटना होगा जुदागाना नियाबत पर
चढ़ा दो भेंट तुम हुब्बे वतन की इस क़यादत पर
जुनूने मज़हब ओ मिल्लत[282] ने पाई शह जो सुलतानी
तो दीवाने लगे करने तअस्सुब की निगहबानी

मुसलमां को उभरता देख सिख भी जोश में आये
रज़ाकाराने दौरे निल व शाही के बढ़े साये
अभी तारीख़ शाहिद है कि अपने लाडले जाये
जुनूं ने देश की ख़ातिर थे दीवारों में चुनवाये
वतन की बदनसीबी थी गर्दिश थी ज़माने की
उन्हें भी आर[283] सूझी एक अलहिदा आशियाने की

कशा कश बाहमी टकराव उस पर हुकमरानों से
ख़ुदा नाराज़ था शायद वतन के नवजवानों से
फिरंगी का बढ़ा फिर हौसला इन दास्तानों से
लड़ाया हिन्दू मुस्लिम को तअस्सुब के फ़सानों से
लगाया शरपसंदों[284] ने जो पाकिस्तान का नारा
बदल कर रख दिया तहरीके आज़ादी का रुख़ सारा

282.धर्म
283.प्रतिष्ठा
284.शरारती तत्त्वों

न पुछो रहनुमायाने वतन के दर्द का आलम
यह ग़द्दारी यक़ीनन थी वतन में बाइसे मातम
परेशां थे इधर गाँधी उधर थे नहरू-ए-आज़म
मगर अपने अक़ीदों[285] पे अभी आज़ाद थे क़ायम
पठानों में ख़ुलूसे जज़्ब-ए-बहार[286] बाक़ी था
ख़ुदी में ख़ुद नुमाई का अभी तकरार बाक़ी था।

मगर नादान हिन्दू और मुस्लिम का था यह आलम
जुनूने मज़हब ओ मिल्लत के जिस दम मिल गए सरगम
भुला का बाहमी इख़लास[287] जो सदियों रहा क़ायम
बहकने यूं लगा जैसे नशे में हो कोई पैहम[288]
ख़ुलूसे बाहमी पर जब हुए हावी शुकूक[289] उनके
क़यामत पर कयामत थी दरिन्दाना सुलूक उनके

मगर जब पड़ गया इन्सान पर शैतान का साया
तो ख़ुद शैतान भी इन्सान की वहशत से घबराया
छुरी, तलवार, बेलचा जो हाथ में आया

285.आस्था
286.बहार की भावना की निष्ठा
287.आपसी सौहार्द
288.निरंतर, लगातार
289.शक, सन्देह का बहुवचन

पड़ोसी पर उठा कर कितनी बेरहमी से बरसाया
जहाँ देखे थे हम सब ने सुबह व देश के मंज़र
उन्हीं गलियों में कूचों में थे क़त्ले आम के मंज़र

फ़रेबे मज़हब ओ मिल्लत सियासत कुफ़रो[290] ईमाँ की
न हिन्दू की हया महफ़ूज़ थी और न मुसलमां की
व हालत हो गई इन्सान के हाथों से इन्सां की
किसी को फ़िकर तक बाक़ी न थी जेब व गरेबां की
मुरव्वत[291] और अख़ुवत[292] का वह किस्सा पाक कर डाला
तअस्सुब की हवाओं ने जला कर ख़ाक कर डाला

उठे जब आग के शोले महलों और मकानों से
तो बाहर आ गए पंक्षी निकलकर आशियानों से
ख़ुदा महफ़ूज़ रखे बुग़ज़[293] व नफ़रत के फ़सानों से
वतनदारी हिरासां थी वतन के नवजवानों से
जनाज़े हसरतों के थे तक़ाज़े कुफ़र[294] व ईमां के
रवां थे क़फ़िलों पर क़ाफ़िले हिन्दू मुसलमां के

290.ईश्वर की सत्ता को न माननेवाले
291.संकोच
292.भाईचारा, मेलमिलाप
293.छल, कपट
294.ईश्वर को न मानकर बहुत से देवी देवताओं की उपासना करना

सफर लम्बे कठिन व मंज़िलें ख़तरात राहों में
दिलों में दर्द के तूफां लहू लर्ज़ां[295] निगाहों में
बहू बेटी किसी की देखकर ग़ैरों की बांहों में
तख़ैयुल[296] ख़ुद ब ख़ुद तहलील[297] होता था कराहों में
क़यामत पर क़यामत थी उजड़ जाना घरानों का
वह हर सू मुंतशिर[298] होना हज़ारों ख़ानदानों का

जुनूं अंगेज़ थे कितने फ़साने बे-नवाओं[299] के
यतीमों के फ़ुग़ां[300] शोले तअस्सुब के चिताओं के
हर एक जानिब लगे उठने जनाज़े जब वफ़ाओं के
क़दम तब डगमगा उठे हमारे रहनुमाओं के
ग़ज़ब है नाज़ था जिनको वफ़ा की दास्तानों पर
वही ईमान ले आए तअस्सुब के फ़सानों पर

फ़रोग़े क़त्ल ओ ख़ूं आहो फ़ुगां और हशर आलम
हर एक कूचा हरगली मक़तल हर एक घर में सफ़े मातम
उधर हिन्दू परेशां तो इधर बेज़ार था मुस्लिम

295.थरथराहट, कँपकँपी
296.विचार करना
297.विलीन
298.बिखर जाना
299.कंगाल, दरिद्र
300.दुहाई

बला से हो कोई सालारे उम्मत[301] क़ायदे आज़म
वफ़ूरे रंज ओग़ाम[302] फ़र्ते जुनू इदबार[303] के साये
निज़ामे ज़िन्दगी की हर रविश पर आके इठलाये

परेशां थे अगर कुरआन की तालीम के हामी
तो सर गरदां ग्रन्थ और वेद की ताज़ीम के हामी
जो सौदाई थे कल थे मुल्क की तंज़ीम[304] के हामी
वही थे आज हिन्द व पाक के तक़सीम के हामी
उड़ाये क़ौम ने आख़िर मज़ाक़ अपनी वफ़ाओं के
बुलन्द होने लगे तअस्सुब चिताओं के

ये अन्दाज़ा न था ऐसे तग़ैय्युर रूनुमा[305] होंगे
मुहिब्बाने वतन[306] क़ौम व तमद्दुन[307] पर फ़िदा होंगे
पटेल, आज़ाद तक़सीमे वतन के हमनवा होंगे
हमारे ख़्वाब हिन्द व पाक में जलवा नुमा होंगे
वतन की लाश पर रखेंगे आज़ादी की बुनियादें
सहेंगे हम वतन वाले वतन वालों की बे-दादें

301.समुदाय के प्रधान
302.शोक, दुःख
303, शोक, अपशगुन
304.एकता
305.परिवर्तन प्रकट करना
306.देशप्रेमी
307.सभ्यता

तसव्वुर जिद बहारों का था रहनुमा अपना
जिन आशाओं के दम से जवां अज़्मे वफ़ा अपना
क़दम राहे अमल पर जिस तमन्ना से बढ़ा अपना
रहा जो बाइसे ईसार[308] व अज़मत हौसला अपना
वह सब कुछ ख़्वाब था ताबीर जिस की निकली रुसवाइ
परिस्तारे वतन थे हम हक़ीक़त में कि सौदाई

कहाँ से हम कहाँ पहुंचे नशे में कामरानी के
वतन के कर दिए टुकड़े हवस में हुक्मरानी के
यही अंजाम थे क्या, देश भक्ति की कहानी के
करेंगे रहनुमा सौदे हमारी जांफ़िशानी[309] के
यह बापू के लिए ना क़बिले तस्लीम था यावर
मगर तक़दीर में तो महशरे तक़सीम था यावर

अवामुन्नास[310] ने भी की ख़ुद अपने ही ग़द्दारी
मज़ाहिब[311] के बहाने से रवा रखी सियाह कारी
यतीमों की फ़ुग़ां बेवाओं की आहें दिल आज़ारी
क़यामत के मनाज़िर क़त्ल व ख़ूं की गर्म बाज़ारी
मज़ालिम[312] राहे हक़ में बे नवाओं ना तवानों पर
गिराना बिजलियां अहले चमन के अशियानों पर

308.त्याग व तपस्या करना
309.किसी काम के लिए जान तक लगा देना
310.जनता, अवाम
311.धर्म समूह
312. ज़ुल्म करना

कभी नाज़ां थे बापू जिन बहादुर ना ख़ुदाओं पर
उन्हीं के हाथ से छूटे सफ़ीने[313] जब बहाओं के
तो मलकर हाथ रोए जिन्दगी की धूप छाँवों पर
और आकर तैश में बरसे वतन के रहनुमाओं पर
कहा ललकार कर दो मज़ाहिब के जवानों से
तवक़्क़ो[314] यह न थी हर्गिज़ वतन के पासबानों से

कि वह ख़ुद बाइसे बरबादी हिन्दुस्तां होंगे
इनाद व बुग़ज़ व नफ़रत की मुजस्सम[315] दास्तां होंगे
वह नंगे क़ौम, नंगे दीन व नंगे ख़ानदान होंगे
ज़माने की निगाहों में जिहालत का निशां होंगे
करेंगे ज़ुल्म तो इन्सान ख़ुद ही नसले इन्साँ पर
मगर इल्ज़ाम[316] रखे जायेंगे गीता व क़ुरआं पर

सितम है नाम पर मज़हब के वाजिब हों जो बे-दादें[317]
दुहाई हो हर एक घर में हर कूचा में फ़रयादें
हमारी जुस्तजुएं हो फ़ना कारी की बुनियादें
वफ़ूरे रंज ओ ग़म की दास्तानें हश्र की यादें
ज़माने के लिए मज़हब तो रहबर हो सदाक़त का
मगर सद हैफ़[318] अहले हिन्द पर हो तौक़[319] लानत का

313.किस्ती
314.अपेक्षा
315.साकार, साक्षात
316.आरोप, दोष
317.अन्याय, अधर्म
318.बहुत अधिक अफ़सोस
319.कंठमाला

जवानाने वतन डूबे हुए थे बुग़्ज़ व कीना में
भड़क उठी तअस्सुब की ज्वाला उसके सीने में
उठे जब आग के शोले मुरव्वत के सफ़ीने[320] में
तो गोली गोडसे ने दाग़ दी बापू के सीने में
छिपा कुफ्र ने आख़िर नमूदे नूरे ईमां[321] को
तअस्सुब को अंधेरा ले गया शम्मे फ़िरोज़ाँ[322] को

ये अन्जामे वफ़ा था या ज़हूरे बुग़्ज़ व कुफ्र व दीं
जमाने में बिछाके फिर से मातम की सफ़ें रख दीं
सितारे चर्ख पर रोये फ़िज़ायें तिलमिला उठीं
झुका कर फ़रिश्तों ने शहादत की बलायें लीं
उठा कर ज़लज़ले तूफ़ां जब अर्ज़ व समां घूमे
हयाते जावेदां[323] ने बढ़के बापू के क़दम चूमे

तअस्सुब का जुनूं धर्म और मज़हब की फ़ुसूं कारी
लगादी चोट दुनियाए वफ़ा पर किस क़दर कारी
ज़माने की निगाहों से लहू होने लगा जारी
पटेल, आज़ाद व नेहरू पर भी वहशत हो गई तारी
था एक कोहराम सा सो दुहाइ पर दुहाइ थी
बहाने के लिए आंसू वहां फ़ितरत भी आई थी

---

320. किश्ती
321. अस्तित्व के तेज पर विश्वास
322. रौशन, शमा
323. अमर

हुजूमे ज़िन्दगी जोशे अक़ीदत में
मज़ाहिब के क़िले मुरव्वत की क़यादत में
तअस्सुब सरनगूं[324] आख़िर हुआ राहे अदावत[325] में
फ़िज़ायें नारा ज़न थीं आज फिर भारत की अज़मत में
किनारे रुदे जमुना अश्क रेज़ी[326] की हज़ारों ने
फ़लक से फूल बरसाये शहादत परस्तारों[327] रहनुमाओं के

किनारे रुदे जमुना आज मरक़द[328] रहनुमाओं[329] के
निशाने राहते हक़ कि संगम है वफ़ाओं के
वफ़ा की दरस्गाहें, आसरे है बेनवाओं के
रहेंगे हश्र तक मर्कज़[330] ज़माने की दुआओं के
वफ़ा की यादगारों के यह मर्कज़ राजधानी में
रहे हैं रहनुम हरगाम[331] पर मेरी कहानी में

324.सर झुकाए नतमस्तक
325.शत्रुता
326.आँसू बहानेवाला
327.पुजारी
328.सोने की जगह, आरामगाह
329.पथप्रदर्शक
330.केन्द्र
331.हर जगह

ज़माने में एक पैग़ाम ख़ुश अन्जाम देता हूं
तअस्सुब पर सियाहकारी[332] का सब का इल्ज़ाम देता हूं
वतन के मैकशो[333] के हाथ में एक जाम देता हूं
ज़माने के लिए "दौरे वफ़ा" का नाम देता हूं
अगर मंज़ूर है तो फिर रवां नोके क़लम होगी
हदीसे अज़मते[334] नेहरू-ए-आज़म[335] भी रक़म[336] होगी

-राज़ सरहदी

332.पापी, गुनाहगार
333.शराब पीनेवाला
334.नई बात की महानता
335.नेहरु महान
336.लिखी जाएगी

तोड़ दो बुत ख़ानों को

घेरा है जज़्ब-ए-इसार[337] ने दीवानों को
फिर हवस शमा पे जलने की है परवानों को

आज का दिन तो शहीदाने वतन का है
मयकशों छोड़ दो तुम आज तो मयख़ानों को

क़ैस व फरहाद भुला देंगे तेरी यादें
हमको दोहराने तो दो ज़ीस्त के अफ़सानों को

ताब कब ज़ाहिद[338] ख़ुदबीन[339] में तक़लीद[340] की थी
छोड़ कर राह में हम आये थे सनम-ख़ानों[341] को

अक़्ल दानिश ही सही ज़ीस्त के जौहर ताहम
दुनिया में ज़िन्दा तो रहना भी है ना दानों को

कर सको तुम न अगर अज़मत-ए-इंसां को क़ुबूल
बन्द काबे को करो तोड़ दो बुतख़ानों को

337.आत्म-बलिदान की भावना,
338.इबादत करनेवाला,
339.अपने अस्तित्व का पुजारी,
340.अनुसरण, किसी के पीछे पीछे चलना,
341 बुतखाना, मंदिर, मूर्तिगृह,

दिल्ली

ऐ मेरे देश के दिल जाने तमन्ना-ए-बहार
मर्कज़े शेर-ओ-सोख़न दामने साद चैन-ओ-क़रार

फिर से आया तेरे गुलशने हस्ती पे निखार
ज़िन्दगी आज तेरे नाम पे सद[342] जाँ से निसार

फिर नई शान नये दौर का आग़ाज़ है तू
बाइसे[343] अज़मत व सरमाया[344] सद नाज़ है तू

था कभी कुमब अगर मर्कज़ सद नाज़ो ख़िराम[345]
महवरे लाला व गुल बादा कष साक़ी व जाम

तेरे खण्डरात कभी थे तेरी अज़मत के मुक़ाम
अहले दुनिया को दिया तूने सदाक़त[346] का प्याम[347]

342.सौ
343.कारण
344.ख़जाना, पूँजी
345.गति, चलना, टहलना
346.सत्यता, सच्चाई, खरापन सच्चाई
347.संदेश

करवटें तूने भी बदली जो ज़माने बदले
वक़्त के साथ नियाबत[348] के ठिकाने बदले

राजपूतों के शुजाअत के निशाँ है तुझमें
ख़िलजी व तुग़लक़ व लोधी भी निहां[349] है तुझमें

ग़ालिब व ज़ौक़ के अन्दाज़े बयां हैं तुझमें
हसरतें ज़फ़र की बाबर गुमां हैं तुझ में

ग़ौरी व नादिर व तैमूर के महशर की अमीन
कितनी पुर-सोज़[350] हैं यादें ऐ मेरी मह-जबीन[351]

मुग़ल सम्राट ने बख़्शा तुझे दुलहन का निखार
चाँदनी चौक से भर दी जो तेरी माँग की धार

क़िला सुर्ख़ का टीका तेरे माथे को श्रृंगार
तेरी दोसीज़गी पे थी कभी जन्नत भी निसार

ओढ़कर तुझको नया दामन रंगीं फ़सील
वक़्त को शाह ने दी आषिक़े सादिक़ की दलील

348.प्रतिनिधित्व, मुनीमी, एजेंटी
349.पोशीदा, छिपा
350.(लाक्षणिक) दर्द भरा, असर में डूबा हुआ
351.चाँद की सी रोशन पेशानी वाला

हवस अंग्रेज़ को भी तेरे क़रीं[352] ले आई
तेरे दामन पे घटा ज़ुल्म-ओ-सितम की छाई

क़तल-ओ-ग़ारत के फ़सानों की हवस बर-आई
तूने तारीख़ उजड़ जाने की फिर दोहराई

तेरे उष्षाक़[353] के दर पे तेरे जीना न मिला
बहरे-ज़ुल्मात[354] में शाहों को सफ़ीना[355] न मिला

मेरे शायर मुझे माज़ी के फ़साने न सुना
थे कभी या कि न थे मेरे ठिकाने न सुना

मेरे वीरान नषेम[356] हैं पुराने न सुना
लूटे किसने मेरी उल्फ़त के ख़ज़ाने न सुना

मेरे शायर मेरी तारीख़ को अब नज़्म[357] न कर
मेरे अस्लाफ[358] की तौहीन[359] सरे बज़्म न कर

352.क़रीब

353.चाँद की सी रोशन पेशानी वाला

354.वह समुंद्र जो अफ़्रीका और यूरोप को उत्तरी और दक्षिणी अमरीका से अलग करता है, अटलांटिक सागर,

355.कश्ती, नाओ

356.परिन्दों का घोंसला, आशयाना, निवास स्थल

357.काव्य, कविता, प्रबंध करना, लड़ी में मोती

358.पूर्वज, पुरखे, पुराने बुज़ुर्ग

359.अपमान, बेइज्जती

होगा कभी तैमूर बानी-ए-सद जबर-ओ-सितम[360]
तोड़े होंगे मेरे बुतख़ानों के ग़ौरी के सनम

मोजिदे[361] तफ़रक़ा[362] अंग्रेज़ बईं देरो हरम
मुल्क में देता रहा होगा तअस्सुब[363] को जनम

क़हर और जबर से वाबिस्ता मेरा नाम न कर
ब-ख़ुदा मेरी वफ़ाओं को तू बदनाम न कर

मेरे दामन में रहे शाहों की अज़मत के क़याम
मैने महमानों को बख़्शे जाह-ओ-हषमत[364] के मुक़ाम

मेरे मीनारे से ऐबक को मिली उमरे-दवाम[365]
मेरो हर दर्द रहा दहर[366] में अल्फ़त का प्याम

जाम पे जाम लुटाती रही मयख़ानों में
शमा की तरह चमकती रही परवानों में

360.ज़ल्म ढाना
361.आविष्कारक, इजाद करने वाला
362.जुदाई
363.धामक पक्षपात, नस्ली और खानदानी पक्षपात
364.ठाट-बाट, महिमा, वैभव, गरिमा
365.कभी भी ना खत्म होने वाली जिंदगी
366.कभी भी ना खत्म होने वाली जिंदगी

कभी ख़िल्जी कभी तुग़लक़ कभी लोधी आये
कभी बाबर के बढ़े ज़ौक़ हवस के साये

पाओं अंग्रेज़ के लालच ने कभी फैलाये
किया हुआ गर मुझे नादिर ने चने चबवाये

मेरे ग़ालिब को मेरे ज़फ़र मेरे ज़ौक़ को देख
मेरी मजबूरी पे मत रो तू मेरे शौक़ को देख

आज दुनिया की हूँ महबूब में जन्नत की नज़ीर[367]
मेरा हर रंग ज़माने में मोहब्बत का सफ़ीर

दिल में हर अहले वतव नक़्श है मेरी तस्वीर
मझ से वाबस्ता रहीं क़ौम व वतन की तस्वीर

वह मेरे कल में कहाँ था जो मेरे आज में है
वक़्त की कलग़ी[368] बा-रूअब मेरे ताज में है

दौरे हाज़िर के नये इल्म-ओ-हुनर से मामूर
तुझको हासिल है मय-इश्क़ व मुहब्बत का सुरूर

367.मसाल

368.चोटी, पक्षी के सिर का केस, टोपी, पगड़ी या ताज पर लगाए जाने वाले सुंदर एवं कोमल गुच्छे, मुरगे या मोर के सिर पर की चोटी, ऊँची इमारत

तेरे अंदाज़ में हैं अब भी वफ़ा के दस्तूर
तेरी वुस्अत को है माज़ी के ठिकानों पे उबूर[369]

तूने तामीर को अपने जो नये मोड़ दिये
तेरी रफ़तार ने सरहद भी परे छोड़ दिये

तेरी आग़ोश में है आज मुहाजिर को सुकूं
सरफ़रोशी का तकब्बुर है सियासत का जुनूं

लाल-ओ-गुल पे है नग़मात का बुल-बुल के फसूं[370]
बाइसे नषो-नुमा आज भी है सोज़े-दरूं[371]

महफिले इश्क़ मय जाम व साक़ी व सुरूद
है ज़माने के लिए दर्से वफ़ा तेरा वजूद

तेरी नौख़ेज़ बहारें तेरे नौख़ेज़ चमन
हैं मेरे इश्क़ की रवा दाद मेरे शौक़ का फ़न

तेरी अंगड़ाईयाँ अकसर मेरे जज़्बात का धुन
तेरी वुस्अत का है मोहताज मेरा ज़ौक़े सोख़न

369.नदी आदि को पार करना
370.जादू, मंत्र, धोखा
371.आंतरिक वेदना

मेरे अफ़्कार[372] का दौलत है तेरा नक़्श-ओ-नमूद[373]
रंग शाला का तसव्वुर कि अशोका का वजूद

तेरी रानाइयाँ अक़दामे तकब्बुर व ग़ुरूर
इश्क़-ओ-उल्फ़त के ये अन्दाज़े वफ़ा के दस्तूर

एक हसीं ख़्वाब की तामीर ब-सद जाम-ए-नूर
जष्न-ए-जमहूर के मेलों को ये पाइन्दा सुरूर

हुस्ने जज़्बात को षायर के ज़िया[374] देता है
दहर[375] को तेरी वफ़ाओं को पता देता है

372.चिंतन, काव्य, मन में उतपन्न उलझनें
373.जिस पर नक्काशी का काम हुआ हो
374.रोशनी
375.ज़माना

लालक़िला

अज़मते माज़ी मुजस्सम[376] अक्से माज़ी अहदे इक़्तिदार
शाने दारूस्सलतनत गहवार-ए-इज्ज़-ओ-वक़ार
ऐ मेरी महबूब इमारत यादे अय्यामे बहार
अहदे नव के होग मसाकन सैकड़ों तुझ पे निसार
बाइसे फ़ख़्र-ओ-मुसर्रत है तुम्हारा आस्ताँ
आज भी है तू निशाने अज़मते हिन्दुस्ताँ
था कभी तू ताजदारों के लिए दारूल -अमीं
मर्कज़े शेर-ओ-सोख़न इदार-ए-इन्साफ़ व दीं
रशके जन्नत था कि था तू रशके फिरदौसे बरीं
पुर सुकूं था एक ज़माने के लिए तेरा क़रीं
इशक़ का एक दिलरूबा अफ़साना था तेरो क़याम
तेरा मसकन था जहाँ में बाइसे सद एहतराम
तेरो दामन था कभी मल्म-ओ-हुनर की दोस्ताँ
मुल्क-ओ-मिल्लत के लिए रोशन मिसाले कहकशाँ
हुस्न लेता था तेरी आगोश में अंगड़ाइयाँ
मोरिदे अलताफ़ लेकिन इश्क़ भी था बेगुमां

376.साक्षात

जिन्दगी के हर मसाइल की सहीह तसवीर था
तेरा दामन मुल्क के हर ख़्वाब की ताबीर था
सरज़मीने हिन्द के सरमा-ए-सद इम्तियाज़
मुल्क-ओ-मिल्लत को बजा है जिस क़दर हो तुझ पे नाज़
तुझ से वाबस्ता रहा बहबूदी-ए-इन्सां का राज़
हर दो आलम में तुम्हारे मोतक़िद हैं सरफ़राज़
नेताजी के आहिनी जज्बात की रूहेरवां
पास था तेरा ज़फर को भी ब-वक़्त इम्तिहाँ
आज लहराता है सह रंगा तेरे रूख़सार पर
वक़्त लहराता है रूअब कलग़ी तेरे दस्तार पर
अज़्म रासिख़ के निशां है हर दरो दीवार पर
ख़न्दा ज़न है आज तू इमकान नूर-ओ-नार पर
आज भी इन्सिानियत का तू अलबरदार है
तेरी अज़मत, अज़मते सरमाया किरदार है

हुस्न

हुस्न शाहकार[377] तजल्ली[378] है उरूजे एजाज़[379]
हुस्न है नूरे सदाक़त[380] का ज़माने में क़याम

हुस्न राहत है नुमायां कि नमूदे[381] तस्कीन[382]
हुस्न इज़हारे-मुरव्वत[383] ब-सुरूदे[384] अन्दाम[385]

377.सबसे अच्छी रचना

378.प्रकटीकरण

379.करिश्मा, चमत्कार, करामात,

380.सत्यता, सच्चाई, खरापन

381.अस्तित्व

382.सांत्वना, ढाढस

383.नर्मी बरतना,

384.(संगीत) वीणा की तरह का एक प्रकार का वाद्य यंत्र

385.शरीर, देह, डीलडौल, बदन, जिस्म, अंग, काया,

इश्क़

इश्क़ है नूरे सदाक़त[386] की तसर्रूफ[387] की उमंग
इश्क़ पाज़ीग-ए-नफ़स की मौजों का है हुजूम[388]

इश्क़ इसारे व मुरव्वत का हे ताबिन्दा[389] वक़ार
इश्क़ है तिशनगी[390]-ए-दर्द दवा से महरूम[391]

मख़ज़ने[392]-अनवार मेराजे सुरूद का राज़
हुस्न परदाज़े[393] अमल की दास्तान ज़रनिगार[394]

तेरा हर एक वरक[395] है गंजीन[396]-ए-हुस्ने अमल

386.सत्यता, सच्चाई, खरापन
387.खर्च, उपभोग,
388.आधिक्य, बाहुल्य
389.चमकदार
390.प्यास, लालसा, तड़प
391.रोका गया, वर्जित, निषेध
392.जमा करने का स्थान
393.उठान, ढंग, अंदाज, शौर्य, सज्जा
394.सोने के बेल-बूटे बना हुआ
395.पन्ना पेज
396 खजाना, निधि, कोष, अंबार

हर लफ़्ज़ तेरा उरूजे[397] ज़ीस्त का नक़्श-ओ-निगार[398]
फ़लसफ़[399]-ए-अमल पर लिखा हुआ ज़र्री[400] निसाब[401]
युद्ध में अर्जुन के महारथी की पाइन्दा[402] पुकार

कृष्न और अर्जुन की राज़े ज़िन्दगी पर गुफ़्तगू
अमल का दर्से वफ़ा मिलना दरूने का राज़

अहले-दुनिया[403] के लिए तनवीरे[404] पैग़ामे अमल
ज़िन्दगी के हर मसाइल पर ब्याज़ कामगार

ज़िन्दगी और मौत की परछाइयों का जा-गुरूप
अक्स[405] मेराजे ख़ुदी-ए-नफ़स की आयना दारी

तेरी किरनों से मोयस्सर होती है ताबिन्दगी[406]
जब कभी उठते हैं दिल में वहम के गर्दओ गोबार

397.बलन्दी,
398.बेल-बूटे, फूल-पत्तियाँ,
399.दर्शनशास्त्र
400.सोने का बना हुआ,
401.पूंजी, सरमाया, मूल, आधार,
402.हमेशा रहनेवाला, नित्य, अनश्वर, स्थायी, पाएदार,
403.दुनिया वालों,
404.प्रकाश, ज्योति, रौशनी, चमक,
405.प्रतिबिम्ब, छाया, परछाईं,
406.चमक,

तेरा फ़तवा क़ौम की हर मर्ज़ का कामिल इलाज
तेरा जलवा मुल्क भर में हे बाइस[407] बाग़-ओ-बहार
कारगर है चोट तेरी हर नमूदे कुफ़र पर
और तेरा ईमान साबित है मिसाले कोहसार[408]

हर अंधेरे में तजल्ली[409] है मिसाले तूर[410] की
हुसनइदराक[411]ओअक़ीदतशोल[412]-ए-अज़्मवक़ार

एक है पैग़ाम तेरो ज़िन्दगी की राह में
गमज़न हो कोई मुफ़्लिस या काई ताजदार

जंग में थी कल अगर तू अमल का दरसे वफ़ा
आज कितनी है बहारे ज़ीस्त की आयनादार

अहले दुनिया आके देखें गर न हो उनको यक़ीं
जंग में भी सर बुलन्द कितना था हिन्दी का वक़ार

407.कारण, हेतु, सबबे,
408.वह देश जहाँ पहाड़ ही पहाड़ हो,
409.रोशनी
410.पहाड़ का नाम है,
411.समझ-बूझ, बोध, ज्ञान, ख्याल,
412.रोशनी, प्रकाश

बाइसे राहत सदा है कृशण का जामे सुकूं
आज भी अपनी जबीनों में हैं सजदे बे-क़रार

ज़िन्दाबाद ऐ ख़ालिक़े[413] इसार[414] बर-राहे[415] अमल
मरहबा हस्नेउरूजे ज़ीस्त के नामा निगार

तेरे क़दमों पर रहा है सर मेरा हर मोड़ पर
मैं फ़क़त तुझ पर अक़ीदत का रहा हूं गुनहगार

हो ज़हे किस्मत अगर ये राज़ की श्रद्धा क़बूल
चन्द कलियां पेशे ख़िदमत हैं ब-इजज़ ओ इन्केसार[416]

413.सृष्टि की रचना करनेवाला, जनम दाता,
414.क़रबानी,
415.रास्ते पर,
416.विनम्रता, अधीनता,

ताज

इश्क़-ओ-उल्फ़त के हसीन ख़्वाब की ताबीर है ताज
सफ़्ह-ए-हस्ती पे कितनी बड़ी तहरीर है ताज
एक कहानी ये दिले मुजस्स म दिले बे-ताब की है
नग़म-ए-इश्क़ पे ज़द हुस्न की मिज़राब[417] की है
हाथ में शाहे मोहब्बत के भरा जाम ये ताज
एक रंगीन फ़साने का है अन्जाम ये ताज
शायरे इश्क़ का किया मर मरीं है ये शाहकार
एक ग़ज़ल है कि तरन्नुम में है फिरदौस ओ बहार
हुस्ने उर्यां[418] का मगर इशक़ की बाँहों में वजूद
एक हसीं ख्वाब की ताबीर है ये नक़्श-ओ-नमूद
हुस्न अफ़कारे मुजस्सम ये वफ़ा की तस्वीर
है कहीं आज की दुनिया में कहो इसकी नज़ीर[419]

417.तार का बना हुआ एक प्रकार का नुकीला छल्ला जिससे सितार बजाते हैं
418.अश्लील
419.मिसाल

एक एजाज़े वफ़ा है ये अक़ीदत का मक़ाम
हुस्न को है ज़माने में अता उमरे-दवाम[420]
ताजदारों के झुकें क्यूं न तेरी राह में ताज
हुस्न को शाहे मोहब्बत ने ये बख़्शा है ख़िराज

नींद में है कि तेरा आलमे बेदारी है
किस लिए वजद निगाहों में तेरी तारी है
किस लिए नग़मा सरा ताज की तौक़ीर[421] में है
मुहरिमे ख़्वाब नहीं ख़्वाब की ताबीर में है
हुस्ने तामीर का तो ताज भी मुहताज नहीं
ये तेरा ताज कोई इश्क़ की मेराज नहीं
इश्क़ कहते हैं जिसे इसार है ओ
हुस्न का यौमे-अज़ल[422] है परिस्तार है ओ
इश्क़ को हुस्ने मसावात[423] पे आज भी है नाज़
एक ही सफ़ में खड़े कर दिये महमूद-ओ-अयाज़
गर ने थे ताज तो किया इश्क़ की रूदाद ने थी
षोल-ए-हुस्न में किया लज़्ज़त बेदाद न थी
लैला-ओ-शीरीं की क़ब्रों पे कोई ताज न थे
क़ैस-ओ'फ़रहाद मर्क़द के तो मोहताज न थे

420.कभी भी ना खत्म होने वाली जिंदगी
421.प्रतिष्ठा, सम्मान
422.शाश्वत दिन
423.मानता

ताज है शाह के तकब्बुर का ज़माने में क़याम
ताज इसार-ओ-मराक़िद[424] का है नाम
ताज में मेहनतें हैं आहें हैं मज़दूरों की
बे-कफ़न लाश है उस दौर के मजबूरों की
ताज एक अहदे वफ़ा की जफ़ाओं का ज़हूर
ताज है हुक्म शहंशाह ब-नाम मज़दूर
ताज एक शाह की रऊनत[425] का है बे-परदा ख़ुमार
ख़ूने अस्लाफ़ है ताबिन्दा ब-शकले मीनार
क़ौम के दिल के फफूले हैं कि मेहराबें हैं
बहरे ज़ुल्मात की उभरी हुई गिरदाबें[426] हैं

424.शयनकक्ष सोने की जगह, आरामगाह
425.अहंकार, अभिमान, घमंड, उद्देडता
426.भँवर, जलावर्त, कलंकुर,

कश्मीर

कश्मीर कि लब पे तराना बहार का
फितरत ने लिख दिया है फ़साना बहार का
है वादीये काशमीर कि फिरदौस बर ज़मीं
दिलकश है मर्ग़ज़ार[427] मनाज़िर हैं दिलनशीं
तुझ पे वतन निसार वतन की ओ नाज़नीं
सद मरहबा ये नाज़ उठाना बहार का
फ़ितरत ने लिख दिया है फ़साना बहार का

रशके चमन पहाड़ में गुलज़ार वादियां
ज़र ख़ेज़ ज़ाफ़रां बनफ़्शे[428] की खेतियां
हर रह गुज़र पे आपको हो जन्नत का हो गुमां
परबत की गादियों में ठिकाना बहार का
फितरत ने लिखदिया है फ़साना बहार का

427.सब्जा जार, चरागाह, गोचर, वह जगह जहां अधिकता से हरी घास लगी हो
428.कश्मीर का एक पौधा जो दवा के काम आता है,

है पुर सुकूं निशात तो पुर कैफ़ शालिमार
छाई है चश्मा शाही ये तेरे सदा बहार
गुलमर्ग व पहलगाम में फ़ितरत के शाहकार
दिलकश है दिलफ़रेब घराना बहार का
फितरत ने लिख दिया फ़साना बहार का

हर मोड़ पे हैं तेरे चनारों को क़ाफले
डल-लैक पे हैं चलते शिकारों के काफ़ले
घर-घर गली-गली गुलअूदारों[429] के क़ाफ़ले
हरगाम पे नया है तराना बहार का
फितरत ने लिख दिया है फ़साना बहार का

डल-लैक ने बिखेर दी आंगन में चाँदनी
शरमा रही है फूल की चिलमन में चाँदनी
या है निगाहे शौक़ के दरपन में चाँदनी
हैरत में है या आज ज़माना बहार का
फितरत ने लिख दिया है फ़साना बहार का

429.(कपड़ा, कागज, पत्थर आदि) जिस पर फूल काढ़े, लिखे या खोदे हुए जिस पर पल हों

नशे में आके चूमती फूलों की डालियाँ
सहन चमन में घूमती फूलों की डालियाँ
हर गुल-बदन का चूमती फूलों की डालियां
मस्ती में है दौर सुहाना बहार का
फितरत ने लिख दिया है फ़साना बहार का

चश्मानों का ये सुरूद बा-दामाने कोहसार[430]
है वजद में नसीम की रक़साँ है आबषार
गुलरंग व गुलफ़रोश है फितरत के शाहकार
लुटता है रात दिन ये ख़ज़ाना बहार का
फितरत ने लिख कदया है फ़साना बहार का

यख़बस्ता[431] चोटियों पे मचलने की आरज़ू
हर दिल में तेरी चाह निगाहों का जुस्तजू
किया दिलनशीं है वादी-ए-गुल, हुस्न, रंगा-ओ-बू
हो जाये क्यूं न दिल ये निशाना बहार का
फितरत ने लिख दिया है फ़साना बहार का

430.पर्वतमाला

431.जो ठंड से जम गया हो, बर्फ से ढका हुआ, बहुत ठंडा,

चाँद पर फ़तह

किस क़दर नादाँ हैं बपने आप पर अहले ज़मीन
ख़ाक पुतले तेरी परवाज़ पर सद-आफ़रीं

तेरे इस्तक़लाल[432] को चूमे सितारों ने क़दम
तेरी अज़मत[433] ने फ़लक[434] का नाम कर डाला ज़मीं

तेरी जुंअत की बुलन्दी पे ज़माने को है नाज़
तेरी हिम्मद मोरिदे[435] सद-आफ़रीं सद-आफ़रीं

तूने परवाज़े[436] तख़ैयुल[437] लगादी एक चोट
वुस्अतें[438] अक़लीम[439] शायर की सिमट कर रह गईं

432.दृढ़ता, मजबूती, किसी बात पर अटल रहना

433.आदर, सम्मान, इज्जत

434.आकाश

435.आने, उतरने या पहुंचने की जगह, अवतरित होने की जगह

436.उड़ान

437.सोचना, विचार करना, खयाल करना

438.विशालता

439.महाद्वीप,

कौन लिखेगा उसे महबूब का देकर ख़िताब
किसके सपनों में रहेगा चाँद बनकर नाज़नीं

आज फिर ख़ाकी फ़िरिश्तों पर मिली सबक़त[440] मुझे
सर-निगूं[441] अहले फ़लक हैं सर-बुलन्द अहले ज़मीं

दाद देते हैं तेरे इदराक[442] व फ़न की बरमला
अहले-दिल, अहले-नज़र, अहले-अयाँ, अहले-यक़ीं

440.बढ़त, किसी से आगे निकलना
441.अधोमुख, लज्जित, शर्मिंदा
442.समझ, बूझ,

जलती मशालें

(बंगला देश की जंगे आज़ादी की मंज़ूम दास्तान[443])

हमने जब चाहा बदल कर रख दिया तक़दीर[444] को
मौज को साहिल तो हर क़तरे को दरिया[445] कर दिया

-राज़

यकसानियत[446] के दहर में हासिल नहीं दवाम[447]
होती कहीं है सुब्ह तो रहती कहीं है देश
दुनिया का रंग रूप बदलता है हर घड़ी
चुप देखती है नरगिस-ए-शहला[448] ख़ड़ी-खड़ी
मुल्कों का भी निज़ाम तग़ैयुर पज़ीर[449] है
दायम[450] कोई न शाह न कोई वज़ीर है
औज व ज़वाल[451] का यह फ़साना है कायनात

443.छन्दोबद्ध कहानी
444.भाग्य, किमस्त
445.समुद्र, नदी
446.समता
447.हमेशा
448.एक प्रकार की नरगिस जिसके फूल से आँखों की उपमा दी जाती है
449.परिवर्तनशील
450 हमेशा, सदा
451.ऊँचाई और पतन

हासिल जहाँ में एक तग़ैयुर को है सबात
एक इन्क़िलाब ही को ज़माने में है दवाम
नैरंगियों[452] ने पाक में आख़िर किया क़याम[453]
फ़ौजी हुकूमतों में जो पिस्ते रहे अवाम
ठानी उन्होंने दिल में कि बदलेंगे निज़ाम को
हर दम थे इन्क़िलाब के नारे ज़बान पर
आंखें लगी हुई थीं हर एक नवजवान पर
अहले वतन ने छोड़ दिया दामने ख़्याल
जमहूरियत[454] के दौर का पैदा हुआ सवाल
बंगाल सिंध व सुब-ए-सरहद[455] के रहनुमा
परचम लिए हुए थे क़ौमी जिहाद का
जमहूरियत ने नारा दिया इन्तिख़ाब[456] का
ख़िरमन[457] जला के रख दिया फ़ौजी ए-ताब[458] का
जमहूरियत के गाड़ के झण्डे दिख दिए
फ़ौजी हुकूमतों ने जनाज़े निकाल उठा दिए
रहमान सर बुलन्द थे भुट्टू सरनगूं
यहहिया थे बौखलाए हुए अब मैं किया करूं

452.चालबाजी
453.ठहरना या ठहरकव
454.लोकतंत्र, प्रजातंत्र
455.सीमांत प्रांत
456.चुनाव
457.खलिहान
458.फौज कप चमका

आई ना रास फ़िरक़ा परस्तों[459] को यह हवा
देने लगे अवाम को मज़हब को वास्ता
भुट्टू को था शिकस्त[460] का एहसास बे-गुमां[461]
हर चाल से जनाब को होने लगा अयां[462]
यहिया के इक़्तिदार[463] का दामन संभाल कर
लिया भंवर से डूबा सफ़ीना निकाल कर
ख़ुद एतमादियों[464] के सहारे अता किए
दोहराइ फिर से अज़मते रफ़्ता की दास्तां
मग़रिब[465] के इक़्तिदार का दावा किया बयां
मशरिक[466] के साकिनों[467] पे फ़ज़ीलत[468] का ये मक़ाम
मेरे हुज़ूर शर-ए-हुकूमत है हराम
बख़्शी है गरचे[469] क़ौम ने रहमां को बरतरी
लेकिन है कुफ्र शैख़[470] पे एज़ाज़े सरवरी[471]

459.साम्प्रदायिक तत्त्वों
460. हार, पराजय
461.बिना अभिमान के
462.व्यक्त, ज़ाहिर
463.सत्ता, कार्यालय
464.विश्वसियों
465.पश्चिम
466.पूरब
467.निवासियों
468.प्रधानता, श्रेष्ठता
469.मतलब यह है कि
470.नास्तिक के मुखिया
471.नेतृत्व का चमत्कार

होंगे हुज़ूर याद सितम हाय रोज़गार
कश्मीरी शेख़ बाइसे-सद-हुज़्न[472] ओ इन्तिशार[473]
चलिए हुज़ूर ढाकर में चल कर करें क़याम
देखें ज़रा मुजीब[474] से हम होके हम कलाम[475]
माने अगर जनाब के वह इक़्तिदार को
करले क़बूल फ़ौज के इज़्ज़[476] ओ वक़ार को
फ़तवा[477] जनाब का वह अगर माने ऐ अमीर
बन कर रहे मुजीब वहां पाक का वज़ीर
वरना उसे चखा दें मज़ा इन्क़िलाब का
महशर[478] बपा हो के इशारा जनाब का
भुट्टो के मश्वरे पे हुए सदर कारबंद
होश ओ ख़िरद[479] के कर दिए दरवाज़े उसने बंद
भुट्टू को लेके साथ जो यहिया हुए रवां
ढाका में जाके अपने इरादे किए अयां
हैरत हुई मुजीब को सुनकर ये दास्तां
महबूब रहनुमा को ये हर्गिज़ न था गुमां
धोका करेगा सदर ये अहले वतन के साथ

472.अनेक दुःखों का कारण
473.अस्त-व्यस्त
474.तत्कालीन बांग्लादेशी नेता शेख मुजीबुर्रहमान
475.वार्तालाप करना
476.मान
477.धार्मिक आदेश
478.क़ियामत उठानेवाला
479.बुद्धि

माली को होगी दुश्मनी सहने चमन के साथ
होंगे फ़रेब मज़हब ओ मिल्लत[480] अवाम से
मुस्लिम बटेंगे काफ़िर ओ मोमिन के नाम से
आज़ादियां झुकेंगी इबादत में फ़ौज की
जमहूरिया चलेगी क़ियादत में फ़ौज की
करती ख़ुदी क़बूल जो ज़िल्लत का यह मक़ाम
होती न आज बाइसे सद फ़ख़्र ओ एहतराम[481]
यह बन्दगी हुई न गवारा मुजीब को
ख़ुद एतमादियों[482] ने उभारा मुजीब को
राहे वफ़ा में मिटने की क्या आरज़ू रही?
हर मोड़ पर बहादुरी की गुफ़्तगू रही
यहिया के इक्तिदार को ठुकरा के रख दिया
अज़्मे सितम शेआर को ठुकरा के रख दिया
क़तऐ तअल्लुक़ात[483] का ऐलान कर दिया
आज़ाद बंगला देश का निर्मान कर दिया
राहे वफ़ा पे क़ौम को चलना सिखा दिया
अहले वतन को देश पे मरना सिखा दिया

सर पर कफ़न थे लब पे तराने जिहाद[484] के
घर-घर गली-गली थे फ़साने जिहाद के

480.मज़हब, धर्म
481.इज्जत, सम्मान
482.आत्म सम्मानों
483.संबंध विच्छेद
484.संघर्ष के गीत

फ़ौजों की देख रेख में अहले वतन के नाम
उस मर्दे हक़ ने कर दिया जारी नया पयाम
डालो नये समाज की बुनियाद दोस्तो!
क़ायम रहेगी ता-अबद[485] याद दोस्तो!
हिन्दू न तुम बनो न मुसलमान तुम बनो
औलादे आदमी हो तो इन्सान तुम बनो
दुश्मन उठाए आँख तो वह आँख फोड़ दो
क़िले ये झूटे मज़हब ओ मिल्लत के तोड़ दो
चाहो अगर वतन में हो जमहूरियत क़वी[486]
वक़्त आ गया कि पेश हो क़ुरबानी ख़ून की
भूट्टू ने देख तीर हुआ उसका कारगर
यहिया से अब मुजीब मिलाता नहीं नज़र
बंगाल पर हुई जो हुकूमत मुजीब की
शायद दुहाई पाक भी सुन ले ग़रीब की
यहिया को मश्वरा दिया फिर इन्तिक़ाम[487] का
फ़ौजों को हुक्मे आम मिला क़त्ले आम का
मग़रिब का इक़्तिदार और मश्रिक़ की सरज़मीं[488]

फ़ौजें निहत्ते क़ौम परस्तों पे जा पड़ीं
नग़मे दग़ा के छेड़ सियासत के साज़ पर
यहिया रवाना हो गया चढ़कर जहाज़ पर

485.अनंत काल तक
486.सशक्त
487.बदला लेना
488.मुल्क-देश, इलाका

महबूब रहनुमा जो गिरफ़्तार हो गया
हर सिम्त गर्म ज़ुल्म का बाज़ार हो गया

फ़ौजें चला रही थीं निहत्तों पे गोलियाँ
घर-घर को लूटती थीं लुटेरों की टोलियाँ
अपने ही भाई बंदों को लूट मार के
शर्म ओ हया के रख दिए परदे उतार के
बीवी किसी की और किसी की बहन लुटी
बेटी किसी की और किसी की दुल्हन लुटी
चीख़ें थी, नफ़रतें थीं कराहें थीं चार सू
ख़ूंबाज़ ओ शोला रेज़[489] निगाहें थीं चार सू
छाया हुआ था ग़म का धुंआँ हर मकान पर
लानत बरस रही थी उधर यहिया ख़ान पर
चंगेज़ ने भी ज़ुल्म ये रखे न थे रवा[490]
यहिया के फ़ौजियों ने जो बंगाल में किया
वहशत का इससे बढ़ के न महशर हुआ कभी
बे-हुरमती[491] हो भाई के दामन में बहन की

मजबूर बाप बेटी के कपड़े उतार के
तहज़ीब के जनाज़ों को लाये संवार के
कोई न आगे बढ़ सके गिरतों को थामने

489.आग उगलती
490.कण, दाना
491.बेइज़्जती

असमत हो चाक बीवी की शौहर के सामने
बेटे हों ज़िबह ग़मज़दा माँ देखती रहे
अपने जिगर के टुकड़े हों जाँ देखती रहे
घर बार जल रहा था मगर देखते रहे
शायद दुआओं में हो असर देखते रहे
लाखों निढाल बे सरो समान हो गए
आबाद कल तलक जो थे विरान हो गए

कोई बचने न पाया मुअम्मर[492] हो या जवाँ
लालों से ख़ाली हो गई माओं की गोदियां
चुन-चुन के साफ कर दिए उलमा-ए-बाहुनर[493]
इन्जीनियर ही कोई रहा और न डॉक्टर
जब्र ओ सितम करते थे आमाद-ए-ज़वाल[494]
तरीख़ ज़ुल्म ओ जोर में जिनकी नहीं मिसाल
लेना पनाह जनता का दामन में ख़ाक के
सदमे इधर मुजीब पे जेलों में पाक के
उस ज़ुल्म बे पनाह का कोई न था इलाज
आज़ीद-ए-वतन[495] को था कितना बड़ा ख़िराज[496]
जीना हराम हो गया हर ख़ास ओ आम का
जज़्बा दिलों में पलता रहा इन्तिक़ाम का

492.बूढ़ा, बड़ी उम्र का
493.गुणी, ज्ञानी
494.अवनति के लिए
495.देश की स्वंत्रता
496.राज्य द्वारा लिया जानेवाला कर, राजस्व

पहलू कोई दिखाई दे देता क़रार का
शिवा यही था गर्दिशे लैल ओ नहार[497] का
इस बेकसी में ज़ीस्त से बेज़ारियां हुईं
चलने को बंगला देश से तैयारियां हुईं
लाखों हज़ारों कारवां दर करवां चले
घर बार छोड़ जानिबे हिन्दोस्तां चले
हिन्दोस्तां वह मुल्क है दुनिया में ला जवाब
बामे फ़लक[498] पे जैसे सितारों में माहताब
मौसम वह दिलफरेब के हर दम नई बहार
क़ुदरत की नेमतों के ख़ज़ाने हैं बे शुमार
दरिया पहाड़ वादियां मैदान खेतियां
उठे जिधर निगाह तो जन्नत को हो गुमां

गंगे जमुनी के रूप में तसनीम[499] देखिए
क़ुरआन और गीता की तालीम[500] देखिए
ताज और कुतुब देखिए कश्मीर देखिए
गांधी के ख़्वाबे शौक़ की ताबीर[501] देखिए
जमहूरियत का राज है इंदिरा है रहनुमा
नेहरू को ख़ून का जवाहर की आत्मा

497.समय का चक्कर, आफत, रात-दिन का उलट-फेर
498.आकाश की छत
499.स्वर्ग की एक नहर
500.पढ़ाई, शिक्षा
501.स्वप्नफल

नारी है हव कि रहमते परवरदिगार[502] है
वह जान व तन से देश पे अपने निसार है

जब से वतन की उसने संभाली है बाग डोर
हर सू है अमन चैन का ख़ुशहालियों को दौर
दर्दे ग़में अवाम का एक बहरे बेकरां[503]
है मीर कारवां के दिले पाक में निहां[504]
दुनिया में आज बाइसे सद इम्तियाज़[505] है
भारत को उसकी तर्जे क़ियादत[506] पे नाज़ है
ज़ुल्मो सितम पड़ोस जब हद से गुज़र गया
जी अहले बंगला देश का जीने से भर गया
बरपा किया था पाक की फ़ौजों ने क़तलेआम
बाक़ी न था पनाह का इस देश में मुक़ाम
भागे दयारे ज़ुल्म से लाखों पनाह गोज़ीं
और सरज़मीने हिन्द पे आकर हुए मकीं

इंदिरा ने बेकसों को सहारा अता किया
बे-आसरों को फिर से आसरा दिया
खुद हो गई पड़ोसियों के दर्द से निढाल
महमां नवाज़ियों के भी दिखला दिए कमाल

502.परमेश्वर
503.अनंत, समुद्र
504.छिपा हुआ
505.भेदभाव का कारण
506.रहबरी, नेतृत्व

आँसू बहाए बेकसों के क़तलेआम पर
मजबूर बंगलेदेश के फ़ौजी निज़ाम पर

अमन व अमां[507] का पाक को भी मशवरा दिया
हक़ और कारे नेक का रस्ता दिखा दिया
जारी रहा यह सिलसिला जब और जन्द[508] माह
लोगों को बंगलादेश में मुमकिन न था निबाह
ज़ुल्मो सितम से पाक के मजबूर हो गए
कल तक जो थे रईस वह मज़दूर हो गए
अपने वतन से चल दिए सब रिश्ते तोड़कर
कैम्पों में वह आ गए महलों को छोड़कर
सुल्गी ज्वाला भूख की जब उनके पेट में
हिन्दुस्तां को ले लिया अपनी लपेट में

घर-घर में रंजो ग़म के पड़ोसी की दास्तां
इन्सानियत पे बाइसे[509] लानत थी बे-गुमां
मैदाने राजनीति के जितने थे शह-सवार[510]
इस नस्ल-कुशी[511] निज़ाम से थे सख़्त बे-क़रार
माना की रसम व राह थी अपनी भी पाक से

507.सुख शान्ति
508.होड़, मचलना
509.कारण
510.शक्तिशाली
511.हत्या, मारकाट

कुछ वास्ता दव हिन्द को था इस ख़ाक से
लेकिन जो यहीया ख़ान की फौजों ने तैश में
ढाये थे बे-कसों पे सितम महज़ ऐश में
मोहलिक असर था उनका भी कुरबो-जवार[512] पर
काली घटा थी हिन्द की रंगीं बहार पर
इंदिरा थी जिसके हाथ में अपने वतन की लाज
मजबूर होके उसका भी करना पड़ा इलाज
पहले जो यहिया ख़ान से उसने किया सवाल
शायद उसे पड़ोस का आजाये कुछ ख़्याल
वह आये बाज़ मज़हब व मिल्लत के राग से
अपना बचाए आशियां नफ़रत की आग से
करदे रिहा मुजीब को हो जए सुर्ख़रु[513]
पूरी हो बंगलादेश के लोगों की आरज़ू
लेकिन न जब सवाल का पाया कोई जवाब
चाहा कि करदे पाक को दुनिया में बे-नक़ाब
अमरीका ने भी परदे के पीछे जो कुछ किया
दुनिया को इस फ़रेब का चल जाए कुछ पता
ऐसा न हो कि टोक ही दे चीन रू सियाह
दामन में अपने रूस का तावीज़[514] रख लिया
घर से निकल कर फिर वह सफ़र पर हुई रवां
था दिल में दर्द लब पे पड़ोसी की दास्तां
दर-दर पे भीक मांगती अमन व अमान की

512.आसपास, चारों ओर
513.जिसके मुख पर लाली या तेज हो
514.गले में पहने दुआ जो दूसरों के जगा दे

घर-घर दुहाई देती मुजीबुर्रहमान की
अफसाने बे-बसी के सुनाती चली गई
सोए हुओं को फिर से जगाती चली गई
ज़ुल्म व सितम की पाक के सुन के कहानियां
हैरत में थीं जहां सबकी राजधानियां
आस्ट्रिया, फ्रांस, जर्मनी, इंगलैंड व बिलीजम
सकते मे हो गए सभी सुनकर हदीसे-ग़म[515]
ज़ेरे-फ़लक[516] था कोई अगर संग दिल मक़ाम
अमरीका जैसे मुल्क में निक्सन का था निज़ाम

रखा हुआ था कमर पे जो यहिया ख़ां की हाथ
जमहुरियत ने ज़ुल्मो सितम का दिया था साथ
और चीन का भी पाक को ग़र्रा ज़रूर था
सुलह व सलामती की थी सब सई रायगां[517]
सरहदे हिन्दो पाक गदला[518] आसमां
उठती थीं तानें मज़हब व मिल्लत के राग की
बढ़ने लगी थी रोशनी नफ़रत की आग की
परचम उठाए हाथ में बुग़ज़ो इनाद का
उठा ज़मीने पाक से तुफां जिहाद का
थमते न थे ज़मीन पे पाओं गुरूर से
देते थे लाखों गालियां इंदिरा को दूर से

515.कहानी दुःख का
516.आकाश के नीचे
517.कोशिशों से निष्फल
518. गन्दा, मिट्टी मिला हुआ

नेहरू का ख़ून और जवाहर की आत्मा
वह कारवाने हिन्द की बे-लाग[519] रहनुमा
वाबस्ता[520] जिसके दम से तस्कीन[521] हिन्द की
बरदाश्त कर सकी न यह तौहीन हिन्द की
जंगी घटा जो हिन्द के दामन पे छा गई
चंडी का रूप धर के मैदान में आ गई
माना की कशत व ख़ून है सद वजहे रंजो ग़म
लाज़िम है उस पे रोकने बढ़ते हुए क़दम
जल थल और वायु सेना को लेकर कमान में

जो भी उठा क़दम उठा भारत की शान में
अपने क़दम मिला के जो बढ़ने लगे जवां
थर्रा गई ज़मीन था लरज़े[522] में आस्मां
वह बाँकपन[523] था मारको में आसमान के
हैरत में शहसवार थे सारे जहान के
उड़ते थे सर को रख के हथेली पे नवजवां
बढ़ने न पाया जंग में दुश्मन का कारवां
फेंके जो गोले जंगी ठिकानों पे बरमला[524]
छो ही दिनों में पाक का चेहरा उतर गया

519.सक, ईमानदार
520.सम्बद्ध, जुड़ा हुआ
521.सांत्वना, ढाढ़स, तसल्ली
522.कांपना
523.टेढ़ापन
524.खुलेआम

जल सेना ने जब अपना इरादा किया अयां[525]
रख दीं उड़ा के आन में ग़ाज़ी की धज्जियां
पल में जला के तेल के मख़ज़न[526] दिखा दिए
यहिया को इन्क़िलाब के माने बता दिए
निक्सन भी सुन के पाक के सदमों की दास्तां
देने लगा था सातवें बेड़े की धमकियां

मैदान में जंग में भी वह दिखला दिए कमाल
जिनकी जहां में आज तक मिलती नहीं मिसाल
खेले वह इस बहादुरी से अपनी जान पर
आने न पाई आँच भगत सिंह की शान पर
हुब्बे वतन का सर में वह सौदा कि आल-अमाँ
हर वार था अचूक जवानों का बे-गुमां
पल-पल में चाँद बीबीयां झाँसी की रानियां
ग़ैरत में अपने ख़ून से लिखतीं कहानियां
क़ुरबानियों का कोई अगर तौल नाप था
हर नवजवान हिन्द का राना प्रताप था
दुशन अगर हुआ भी कहीं ज़ोर आज़मा
तोवी की भूक फ़ौज की लाशों ने दी मिटा

बढ़ते हैं कैसी शान से भारत के नवजवान
दिखला दी बंगला देश में जौलानियों[527] की शान
और साथ बंगलादेश में वह मुक्ति बाहिनी

525.प्रकट करना
526.ख़ज़ाना
527.तेज़ी, फुर्ती

तलवार की थी धार कि हीरे की थी कनी
शाना ब-शाना[528] फ़ौज में लड़ती थी जंग में
थी ला मिसाल हुब्बे वतन की उमंग में
क़ुरबानियों के उसके नहीं कोई भी शुमार
होती क़दम-क़दम पे थी वह दरवैश[529] पर निसार
अमरीका पाक चीन के जितने थे लाडले
देख पीटन व सैबर के मक़बरे
देखा जो बेड़ा पाक का होने लगा तबाह
नियाज़ी ने घुटने टेक कर मांगी वहां पनाह

जल थल और वायु तीनों महाज़ों[530] पर पीट कर
लाशे इनाद मज़हबी फेंकी घसीटकर
और तोड़ कर मज़ाहिब व मिल्लत के क़ैद व बन्द
ढाका पे भी जन राज का झण्डा किया बुलन्द
देकर इनान मुल्क की फिर से अवाम को
बदला है बंगलादेश के हर सुबहो देश को
करके रिहा वह क़ैद से लाले मुजीब को
थी वसले गुल[531] कर आरज़ू हर अन्दलीब[532] को
अज़मत पे जो वतन की हुए जंग में निसार
जलती मशालें उनकी चिताओं की यादगार

528.कन्धे से कन्धा मिलकर
529.फ़क़ीर
530.क्षेत्रों
531.फूल का मिलन
532.बुलबुल

शाहिद हैं आज भी हिन्द के इज़्ज़[533] व वक़ार की
रौशन हैं इण्डिया गेट पे शम्में क़रार[534] की
हुब्बे वतन[535] की ख़ून से लिखी है दास्तान
लाखों वतन परस्त झुकाते हैं सर यहाँ
भारत की शान गुलशने हस्ती की पंखुड़ी
इंदिरा भी सर झुकाए अक़ीदत से है खड़ी
आँसू बहा के आज शहीदों की याद में
देशिल होआ है राज़ वतन की जिहाद में
मेरा ज़हे[536] नसीब जो मंज़ूर हो सलाम
लफ़्ज़ों के चन्द फूल हैं सहज श्रद्धा एहतमाम[537]

-राज़ सरहदी

533.मान

534.आराम, चैन

535.देशप्रेम

536.शाबास, वाह-वाह

537.भाव का प्रबंध करना

नानक

सर ज़मीने हिन्द नाज़ाँ जिन ख़ज़ानों पे है आज
उनमें नानक की है हस्ती बाइसे सद इफ़्तिख़ार

कृष्ण के नग़मों को जिनसे फिर बख़्शा सुरूद
राम की भगती का जिसको रहता हर दम था ख़ुमार[538]

आलिम[539] फ़हम[540] ज़का[541] ने ज़ीस्त के हर मोड़ पर
की अता अहले यक़ीं को ज़िन्दगी की हर बहार

आज भी आवाज़े हक़ है जहाँ में नामा बर
हर सुख़न[542] उनका कलाम ग़ैब[543] से नक़्श-ओ-निगार

538.नशा
539.बहुत शिक्षित, विद्वान, ज्ञाता, पंडित
540.बुद्धि, समझ, विवेक
541.समझ, अक्ल
542.बात, वार्ता, व्याख्यान
543.अदृश्य, अनुपस्थित, दिखाई न देने वाली चीज

नूरे ईमाँ के ख़ज़ाने थे तसर्रूफ़[544] सदा
था गदाई[545] में भी हासिल आपको शाही वक़ार[546]

ममलिकत[547] में आपकी इन्सानों को हासिल था उरूज
आपके क़दमों पे झुकते थे जहाँ के ताजदार

नसले इन्सां में बुलन्द इक़बाल है वह ज़ीरूह[548]
आपकी भगती का हसलि हो गया जिसको ख़ुमार

मोजेज़ों[549] की आपकी तारीख़ है अब भी गवाह
राहे-हक़[550] पर गामज़न[551] बा-अज़्म[552] बा-अली-वक़ार[553]

ख़ुशनसीबी है वतन की सर ज़मीने हिन्द पर
राम कृष्ण बुद्ध व नानक के भी हैं पैरूकार[554]

544.खर्च, उपभोग
545.फ़क़ीरी
546.इज़्ज़त
547.इज़्ज़त
548.प्राणी, जीवधारी, जानदार
549.(लाक्षणिक) करिश्मा, करामत
550.सही रास्ता, सच्चा रास्ता
551. चलने वाला, गमनकर्ता
552.दृढ़-संकल्प, कृतसंकल्प
553.यशस्वी, बड़े सहनशीलता वाला
554.पैरवी करने वाला व्यक्ति, पैरवीकार

अपनी जन्नत बनादा

सितारों से उल्फ़त के दामन सजादो
निज़ामे मोहब्बत को फिर जगमगादो

उठो उठ के दुनिया को बेदार कर दो
अक़ीदत के फितनों[555] को फिर से जगा दो

ज़माने की नज़रें तुम्हें ढूंडती हैं
ज़माने से नज़रें मिला के दिखा दो

जिन्हें ज़ीस्त से आज बेज़ार समझो
उन्हें ज़िन्दगी के तराने सुना दो

जगाकर ज़रा जिस्म की ख़ाकी में शाहें
कभी ज़ौक़े-परवाज़[556] को भी हवा दो

555.उपद्रवय उत्पात,
556.उड़ने का स्वाद,

ख़ुदी के ख़ज़ाने तेरे पास भी हैं
जो चाहो अगर ख़ुदा को बता दो

यह सब कायनातें[557] हैं आबाद तुझ से
अमल से उन्हें अपनी जन्नत बना दो

मेरे देश के हिन्द के नवजवानो
है ख़्वाबीदा[558] मिल्लत[559] ख़ुदारा जगा दो

557.दुनिया,
558.निद्रालु, नींद में
559.धर्म, मजहब, दीन,

ये दौरे ज़ीस्त यक़ीनन बदलने वाला है

ग़रीबी अब न रहेगी वतन में कहते हैं
निज़ामे वक़्त ने नारा नया निकाला है
मिटाके भूक और अफ़लास[560] की ये तारीकी
फ़रोग़[561] इल्म से होना नया उजाला है
वतन से अपने हटादेंगे हम ग़रीबी को
प्लान अहले हुकूमत को पंच[562] साला है

ये सुनके मस्ती में आये मेरे वतन के ग़रीब
मिला सुकूं कि मुक़द्दर बदलने वाला वाला है।
मिलेगी अब तो पेट भर रोटी
वह भूके नारे को समझे मगर नेवाला है
यह आरज़ूयें मगर आज तक न बर आईं
चलन ग़रीब की दुनिया का भी निराला है

560.गरीबी, निर्धनत
561.विकास
562.पाँच साल

हुई हैं ज़ाहिरन अशयाये ख़ुरदनी[563] नाबूद
वतन में चार बाज़ारी का बोल बाला है
वतन की तोड़ कर रख दी कमर गिरानी[564] ने
पड़ा वो ज़ीस्त को महरूमियों से पाला है
चने को लो या जलेगी को दा यक्सां हैं
फ़लक ने तरज़े सितम भी नया निकाला है
फ़ज़ू[565] है पहले से अफ़लास की ये तारीकी
फ़रोग़े इल्म का कहिये कहाँ उजाला है
मेरे ग़रीब की क़िस्मत में आज भी हमदम
फ़ुग़ाँ[566] है गिरया ओ ज़ारी है आहो नाला है।
लिबास पहले ही कब था ग़रीब के तन पर
अमीरे शहर ने अब तन भी नोच डाला है
ग़ुबार में यह क़दीमी फुतूर इन्साँ के
वजूदे मन्दिर ओ मस्जिद है या शिवाला है
परस्तिश होती है दुनिया चढ़ते सूरज की
ज़मीं पे गिरतों को साक़ी ने कब संभाला है
गिरी है बिजली अकसर ग़रीब के सर पर
फटी ज़मीं तो मुफ़्लिस की तहो बाला है
है किस मक़ाम तू ऐ वुफ़ूरे नाकामी
कहाँ तलक तेरी शिद्दत ने जाल डाला है

563.छोटी-मोटी चीज़ें

564.महंगाई

565.ज्यादा, बढ़ा हुआ, बढ़कर, अत्यधिक, अतिरिक्त,

566.दुहाई

अब और ज़ब्त की कुव्वत दिले हज़ीं में नहीं
न कोई गिरतों को साक़ी उठाने वाला है
न इस क़दर हो परेशां न रन्ज खा शायर
यह ज़िन्दगी का चलन है हवस ने ढाला है
ख़ुदी का नाम दिया हमने ख़ुद नुमाई को
हवस को इश्क़ के अन्दाज़ से उछाला है
है अक्से फितरते ख़ाकी ये गर्दिशे दौरां
कभी रहा है अन्धेरा कभी उजाला है
मेरे अज़ीज़ हैं ये इन्क़िलाब के आसार
यह दौरे ज़ीस्त यक़ीनन बदलने वाला है

फिर बहार आई

चमन-चमन है ख़िरामां[567] कि फिर बहार आई
सबा[568] है मुश्क बदामां कि फिर बहार आई

नमूदे[569] लाल-ए-गुल[570] है ज़हूरे सोज़े-दरूं[571]
दिल व जिगर है चिराग़ाँ कि फिर बहार आई

वही है आलमे-वहशत[572] वही है दश्ते-जुनूं[573]
वही है चाक-गरीबां[574] की फिर बहार आई

567.मस्ती की चाल से धीरे-धीरे चलने वाला,
568.हलकी हवा
569.अस्तित्व
570.इस पौधे का फूल जो गहरे लाल रंग का और बहुत सुन्दर होता है
571.आंतरिक वेदना
572.उन्माद की स्थिति
573.रेगिस्तान, जंगल, दीवांगी का मैदान
574.वह जिसके कमीज या कुरते का गला या कालर फटा हुआ हो